WORD SEARCH

SQUIGGLE

PUZZLES

MALE ROUTE

```
D  L  A  N  O  D  R  A  N  O  E  L  G  N  B
D  E  O  L  E  H  C  E  M  I  C  H  A  E  L
N  P  A  N  I  F  P  C  G  U  Q  H  X  R  S
O  D  N  M  D  E  Y  E  X  I  T  H  I  E  T
M  I  R  I  D  G  B  G  S  A  N  C  M  S  E
S  B  V  Y  E  R  E  D  N  O  H  A  A  U  W
E  A  N  W  R  O  N  O  S  A  J  I  L  I  A
D  T  Z  E  F  E  J  S  R  T  V  S  L  D  R
N  E  T  F  K  G  A  D  A  R  A  L  Y  R  T
O  R  R  V  R  M  M  C  J  L  I  N  T  A  N
M  E  F  M  U  A  I  J  G  A  O  R  I  W  O
Y  N  I  E  O  R  N  U  M  H  U  H  L  D  M
A  C  L  I  D  T  O  C  T  O  K  Q  C  E  S
R  E  W  E  U  D  A  N  I  E  L  P  L  I  M
G  L  C  K  T  H  A  O  T  S  E  N  R  E  N
```

60 groups of letters to be joined to form 30 boys' names.
Then find them in the grid. One is done as an example.

LAS	~~JA~~	DER	ON	VID	ALD
RIC	FRA	JOS	ERN	FREY	OLAS
NIS	LEO	EDW	HONY	WIL	JAS
HAEL	IEL	SAM	HARD	MOND	AMIN
FRED	MOND	RIC	DIE	NARD	STEW
DA	EST	NICH	DES	RGE	NCIS
UEL	NALD	EPH	THAN	RAY	MIC
GEO	DON	DAN	TER	CED	DEN
DOUG	LIAM	REGI	BENJ	ART	ENCE
JONA	ANT	MOT	~~MES~~	GEOF	ARD

ON THE MOVE

E	P	O	L	M	V	Y	S	D	O	Y	D	X	J	V
C	E	R	A	P	X	O	P	R	P	A	S	S	B	T
L	Y	R	D	M	C	E	E	O	E	J	S	K	S	K
I	C	R	L	U	E	V	C	N	N	W	K	W	I	J
P	A	X	O	L	O	N	K	N	I	T	A	C	I	P
T	M	U	H	C	T	I	T	S	B	V	K	L	U	M
T	W	I	S	T	E	R	N	T	C	D	J	A	C	E
S	P	S	L	I	P	E	A	E	G	R	I	P	K	N
R	A	E	T	P	D	T	D	V	C	I	U	X	N	D
Z	I	G	S	A	A	I	R	R	E	L	T	B	O	V
E	H	T	N	I	N	R	A	A	I	L	O	B	T	G
S	A	C	S	I	Z	W	W	C	E	V	A	H	S	P
B	E	H	N	S	L	I	C	E	E	R	E	C	I	G
O	G	O	K	U	R	C	M	A	G	R	I	F	B	H
S	S	P	R	G	P	K	L	A	W	M	S	B	E	P

CARVE	DANCE	LIMP	SLIP
CHOP	DRAW	LOPE	STAB
CLAP	DRILL	MEND	STIR
CLAW	DRIVE	OPEN	STITCH
CLING	GRAB	PARE	SWIM
CLIP	GRIP	PEEL	TEAR
CLUMP	HOLD	PUNCH	TRAVEL
COPY	KICK	SCRUB	TWIST
COVER	KNEAD	SHAVE	WALK
CRAM	KNIT	SKIP	WRAP
CRAWL	KNOT	SLICE	WRITE

BRAND X

S	S	G	P	A	O	S	E	Y	E	S	D	R	I	B
E	A	T	S	P	I	T	G	P	B	Q	U	O	Y	P
G	M	N	C	P	E	W	H	I	B	O	X	C	O	L
D	L	A	C	U	V	D	S	O	A	O	V	L	E	E
E	W	A	P	H	D	T	A	N	V	F	O	R	T	T
H	S	L	E	S	O	O	D	Z	O	I	B	Y	I	A
D	Y	O	F	B	D	R	R	V	O	M	S	D	M	L
N	R	C	A	V	E	Y	A	P	H	C	M	V	R	O
A	U	A	C	X	T	L	M	S	E	B	U	C	A	C
N	B	C	S	B	T	K	L	S	D	P	K	L	M	O
O	D	O	E	I	O	L	I	S	R	E	P	N	T	H
S	A	C	N	K	L	V	E	C	U	A	S	P	H	C
N	C	E	T	T	E	L	L	I	G	R	M	V	R	T
E	K	V	Y	B	A	B	S	N	O	S	N	H	O	J
B	R	A	N	S	T	O	N	P	I	C	K	L	E	M

The words in the following grid are all brand names.

ANCHOR

ANDREX

BELL'S

BENSON AND
  HEDGES

BIRD'S EYE

BISTO

BOVRIL

BRANSTON
  PICKLE

CADBURY'S /
  CHOCOLATE

COCA-COLA

DETTOL

GILLETTE

HOVIS

HP SAUCE

JOHNSON'S
  BABY/
  PRODUCTS

LUCOZADE

MARMITE

MARS

NESCAFE

OVALTINE

OXO/CUBES

PEARS/SOAP

PERSIL

PG TIPS

POLO

SPAM

BANK CHECK

I	E	S	A	F	E	D	E	P	O	S	I	T
N	W	G	N	R	E	W	Y	B	M	C	H	R
I	K	A	A	P	B	Y	O	O	A	E	Y	A
T	O	C	O	G	A	A	N	R	D	N	S	V
L	I	S	E	P	T	E	L	R	R	V	K	E
E	I	C	W	K	Y	R	A	A	A	O	A	L
T	N	H	I	A	C	C	O	U	N	T	B	L
O	D	E	T	L	T	H	L	M	S	C	R	E
N	L	Q	H	I	T	T	A	E	S	B	E	R
H	O	U	D	N	E	L	V	R	I	H	L	S
S	G	E	R	S	A	N	R	S	G	C	L	A
A	R	S	A	V	I	N	G	S	N	E	E	G
C	E	B	W	I	N	T	E	R	E	S	T	S

ACCOUNT	LEND	VAULT
BALANCE	LOAN	WITHDRAW
BANK	MONEY	
BORROW	MORTGAGE	
CASH	NOTE	
CHARGE	PAY	
CHEQUE	SAFE DEPOSIT	
CREDIT CARD	SAVINGS	
DEPOSIT	SIGN	
INTEREST	TELLER	
INVEST	TRAVELLERS	

SHORT STORY

S	S	I	L	B	N	S	M	O	K	E	W	R	M	S
S	K	R	K	A	T	P	H	O	Y	E	A	S	T	A
B	L	T	R	L	Y	P	R	O	O	F	Y	O	Z	X
W	A	B	M	L	A	I	L	P	E	D	O	P	D	E
C	I	N	I	E	X	K	O	Z	M	R	S	C	R	T
L	O	B	C	B						Z	B	H	U	M
A	Y	A	Z	O						E	L	E	Y	S
S	P	C	H	G						S	P	R	H	M
S	U	X	E	N						S	M	I	O	O
O	M	G	B	I						A	N	W	T	T
H	O	Y	I	M	C	S	T	V	E	I	D	I	E	H
P	N	A	R	D	C	P	O	F	D	M	B	N	L	S
A	E	P	T	O	A	A	P	R	E	M	I	B	A	I
S	Y	K	O	T	N	Z	A	H	A	G	J	L	K	W
M	I	P	R	S	R	M	Z	B	D	E	E	P	Y	T

Can you find the 36 novels with short titles?

ASSEZ	KALKI	NEXUS	WANDA
BAMBI	KIPPS	PROOF	YEAST
BANCO	LIBRA	ROOTS	ZADIG
BELLA	MARDI	SAPHO	
BLISS	MINGO	SCOOP	
CHERI	MONEY	SMOKE	
CLASS	MOODS	SPACE	
EMILY	MOTHS	SYBIL	
FOCUS	MR PYE	TEXAS	
HEIDI	MR PYM	TOPAZ	
HOTEL	MYRON	TYPEE	

RIGHT ON CUE

S	W	E	R	V	E	M	L	S	N	O	O	K	E	R
H	C	H	A	L	K	I	P	O	S	S	I	K	T	F
Y	G	T	B	R	E	S	T	F	D	B	O	X	G	F
S	R	U	O	L	O	C	O	R	S	R	D	E	N	O
I	O	E	O	K	L	U	A	B	T	I	A	L	I	N
D	P	F	D	R	L	E	S	S	N	D	E	G	T	I
E	L	G	I	S	H	T	Y	I	X	G	E	N	T	P
S	A	N	H	N	U	T	P	S	F	E	O	A	O	N
P	N	O	R	N	E	S	W	R	C	I	B	C	P	O
I	T	I	S	F	P	C	E	O	S	R	K	A	S	I
N	B	H	A	O	L	E	U	N	L	E	E	P	E	T
F	O	S	T	A	B	L	E	T	T	L	I	W	M	I
T	V	U	U	A	P	T	A	K	L	D	O	L	A	S
H	W	C	L	S	X	B	K	A	E	R	B	F	R	O
S	E	L	P	E	C	N	A	R	A	E	L	C	F	P

ANGLE
BAULK
BREAK
BRIDGE
CHALK
CLEARANCE
COLOURS
CUSHION
DOUBLE
DRAG
EXTENSION
FINE CUT

FOLLOW
  THROUGH
FOUL SHOT
FRAME
FREE BALL
IN-OFF
KISS
MISCUE
PLANT
POCKET
POSITION
POTTING

REDS
REST
SAFETY STROKE
SCREW
SIDESPIN
SNOOKER
SPIDER
STUN SHOT
SWERVE
TABLE
TOPSPIN

'G' WHIZ

G	S	R	E	T	E	M	O	N	A	V	L	A	G	P
I	U	Q	G	O	G	K	N	I	G	N	T	R	U	G
K	L	A	Y	A	W	G	N	A	G	F	A	O	N	O
O	G	O	R	A	L	G	L	D	I	L	R	I	T	S
O	N	A	I	D	A	L	E	G	U	G	L	R	E	L
G	G	A	R	D	S	D	O	B	A	B	R	V	S	I
E	N	G	G	T	A	M	O	P	M	S	O	O	G	N
D	G	E	O	O	E	L	E	A	E	L	T	N	E	G
E	T	N	G	N	G	R	G	N	G	V	A	R	R	G
L	E	A	I	N	D	G	G	F	I	W	A	A	I	H
B	R	E	I	C	O	O	L	U	S	L	S	R	T	C
B	O	P	D	G	N	G	L	E	E	S	O	R	G	U
O	A	A	F	A	A	A	R	A	S	S	I	S	H	O
G	A	R	A	K	R	L	L	F	A	G	T	N	A	R
D	E	G	N	A	R	G	E	G	N	I	P	S	A	G

The words in the following grid all begin with "G".

GADGET	GENTLE	GONG
GALE	GEORGIAN	GOSLING
GALLOP	GIFT	GRADE
GALLSTONE	GINKGO	GRANGE
GALVANOMETERS	GIRTH	GRAPE
GAMBLING	GLADIOLI	GRASS
GANGWAY	GLANCING	GRAVE
GAPING	GLOBULAR	GROUCH
GARAGE	GLOVES	GROUP
GARB	GNAWS	GUARDSMEN
GARTER	GOADED	GUESTS
GASOLINE	GOBBLEDEGOOK	
GASPING	GOGGLES	
GASTRIC	GONDOLA	

PARTY TIME!

```
P  K  L  N  B  N  O  I  S  E  X  L  B  L  N
A  N  E  C  L  L  C  D  I  K  E  K  A  C  U
Y  M  U  L  A  I  C  E  P  S  N  C  F  A  F
T  U  N  V  U  Y  A  T  L  J  C  K  O  R  W
T  S  E  U  G  I  S  K  U  E  C  N  A  D  S
H  I  V  E  H  M  I  Y  P  H  B  I  P  S  F
I  C  O  Q  L  N  O  T  Y  G  M  R  U  P  S
D  A  T  E  P  B  N  H  T  K  U  D  A  M  T
K  W  T  S  I  V  P  J  L  D  R  R  K  T  N
L  A  S  I  N  G  I  A  R  F  T  J  L  N  E
L  T  P  R  X  B  T  G  O  Y  E  H  D  T  S
N  D  U  P  Y  K  Q  O  E  S  D  S  I  Z  E
M  B  I  R  T  H  D  A  Y  F  I  V  S  C  R
T  E  A  U  Q  X  A  Y  O  J  N  E  C  X  P
H  A  T  S  A  Z  S  F  W  I  Q  A  O  D  I
```

ACCEPT	FUN	SING
BIRTHDAY	GUEST	SPECIAL
CAKE	HATS	SURPRISE
CARDS	INVITE	TALK
CELEBRATE	LATE	VENUE
DANCE	LAUGH	
DATE	MUSIC	
DISCO	NOISE	
DRINK	OCCASION	
ENJOY	PARTY	
FOOD	PRESENTS	

KEEP...

L	A	T	W	G	A	W	T	E	I	U	Q	L
M	C	W	H	W	O	R	A	C	T	L	I	D
H	C	T	A	W	Y	D	K	H	R	G	L	O
T	O	Y	R	I	A	C	E	C	H	G	W	G
D	U	T	N	T	T	C	T	V	A	W	R	N
Y	N	G	E	T	H	I	R	I	I	B	L	I
N	T	G	W	A	M	O	N	T	W	L	N	O
A	S	T	N	E	P	O	R	G	A	M	A	G
P	L	G	S	I	R	O	D	T	I	C	H	E
M	E	O	R	D	V	W	S	N	T	O	W	L
O	L	T	E	R	R	O	D	T	U	S	T	I
C	R	R	W	L	L	I	M	S	E	T	R	A
G	H	L	T	E	R	C	E	S	A	D	O	L

ACCOUNTS   IN ORDER
A DATE   MOVING
ALIVE   POSTED
A SECRET   QUIET
AWAY   THE CHANGE
BACK   TIME
CLOSE   TRYING
COMPANY   WAITING
GOING   WATCH
HOUSE
IN MIND

ZIGZAG

R	L	E	R	T	E	J	T	B	E	H	R	L	I	F
Q	O	D	L	U	S	N	U	S	E	S	Z	O	J	E
U	F	A	Q	D	E	N	R	R	K	I	N	R	U	B
D	N	I	D	M	E	O	I	B	L	I	U	T	T	O
I	N	A	G	M	G	T	H	M	A	A	E	S	L	A
C	W	U	A	L	A	B	O	L	T	R	W	L	T	T
A	I	P	Z	V	M	W	N	N	E	L	I	A	R	Y
T	T	C	G	R	T	E	P	X	E	M	O	V	I	E
O	P	R	A	I	K	X	R	P	D	C	R	E	V	O
R	O	D	E	L	Z	E	A	T	N	I	F	Y	E	Y
D	R	U	M	M	R	T	N	O	I	G	X	K	T	A
A	C	Y	A	L	H	E	B	O	W	S	I	T	T	R
Y	E	R	R	O	T	T	H	F	R	P	E	S	E	A
R	A	R	G	D	V	O	U	C	N	W	J	Y	R	T
P	F	W	O	R	O	C	E	R	Y	X	A	D	E	L

Instead of reading in a straight line, each word has
one bend in it. One word has been marked for you.

AEROGRAM	HORSE	SIGNIFY
BOW TIE	INDICATOR	SITTER
BURNISH	JETTY	STRIVE
CENTAUR	KENNEL	TALKIE
DELTA RAY	LIFEBOAT	TURNPIKE
DRUMMER	MINSTREL	UNIQUE
DRYER	NORWAY	VOUCHER
EXPERTISE	OPTICAL	WADDLE
FIGMENT	OVERCOAT	WALRUS
FOOTPATH	PARROT	WINDMILL
GROCERY	ROAD MAP	YARDARM
HERITAGE	ROUTER	ZIGZAG

TAKE A SEAT

```
W  I  N  D  O  W  S  E  A  T
R  N  B  E  L  C  N  B  M  A
I  I  R  N  P  O  U  F  F  E
A  G  A  M  R  U  O  D  N  S
H  O  K  H  O  C  C  T  H  E
C  E  T  S  C  H  M  O  S  V  T  D  R  B  R
G  E  F  T  A  R  O  L  S  O  F  A  L  E  I
N  T  U  I  O  T  O  R  S  L  M  N  C  A  A
I  T  S  G  I  M  I  S  H  T  O  L  S  N  H
N  E  A  N  N  A  A  N  D  I  I  W  R  B  C
I  S  G  L  H  O  E  N  H  N  E  C  E  A  Y
D  F  T  C  B  D  L  S  E  P  I  N  K  G  S
W  L  M  T  R  E  U  R  S  A  C  W  P  D  A
E  R  I  A  H  C  H  G  I  H  L  O  J  S  E
A  P  G  D  L  E  I  F  R  E  T  S  E  H  C
```

ARMCHAIR	HIGHCHAIR	THRONE
BEAN BAG	LOVE-SEAT	WINDOW SEAT
CHAISE/	OTTOMAN	WINDSOR CHAIR
LONGUE	PEWS	
CHESTERFIELD	POUFFE	
COUCH	RECLINER	
CUSHION	SETTEE	
DINING CHAIR	SHOOTING/	
EASY-CHAIR	STICK	
GARDEN/	SOFA	
BENCH	STOOL	

STOP HERE

E	T	H	L	M	N	O	R	B	U	T	S	T
E	L	A	S	O	R	D	O	I	R	E	P	T
L	S	O	M	I	T	U	R	R	G	H	M	A
T	E	E	P	A	N	R	F	F	O	Y	A	P
L	G	S	I	D	R	I	D	L	L	E	C	E
A	W	L	A	O	G	E	F	R	X	L	O	T
T	A	R	C	E	S	S	A	T	I	O	N	A
T	Y	W	W	T	C	F	R	N	P	P	C	N
C	H	R	I	M	I	E	C	T	O	W	L	I
E	F	N	Y	N	M	H	R	I	T	L	U	M
F	Y	A	A	E	E	R	N	M	S	T	D	L
F	A	L	T	R	G	T	H	I	M	N	E	U
E	E	T	R	E	U	G	O	L	I	P	E	C

BOUNDARY	FATE	POLE
CEASE	FINALE	STOP
CESSATION	FINISH	STUB
CLINCHER	GOAL	TAIL
CONCLUDE	LAST	
CULMINATE	LIMIT	
DESTINY	OMEGA	
EFFECT	PAY OFF	
EPILOGUE	PERIOD	
EXTREME	POINT	

OVER OR UNDER

S	S	E	R	T	S	B	L	Y	N	E	W	G
H	E	R	E	L	R	A	E	W	H	R	O	N
A	Z	N	E	U	Z	N	T	T	A	O	R	I
D	I	T	S	V	O	L	H	P	A	C	D	N
M	S	H	R	T	O	A	S	T	S	S	N	N
G	N	I	Y	L	N	C	H	T	W	R	U	I
S	T	A	N	D	U	T	U	L	L	O	O	P
A	S	T	E	R	M	D	E	S	S	E	R	D
L	A	D	R	A	Y	T	R	O	G	L	G	G
E	T	E	N	T	R	E	D	L	R	O	W	H
M	N	O	T	E	Y	T	A	K	E	T	R	A
T	L	I	O	A	T	S	T	H	G	I	E	W
L	Y	T	L	F	S	S	A	P	R	M	N	O

BRUSH	MINE	WEAR
COVER	OATH	WEIGHT
CURRENT	PASS	WORLD
DRESSED	PINNING	WRAPS
FOOT	RATE	
GLASS	SCORE	
GROUND	SIZE	
GROWTH	STAND	
HANDED	STRESS	
LAYER	STUDY	
LINE	TAKE	
LYING	TONE	

MEDICAL TRAIL

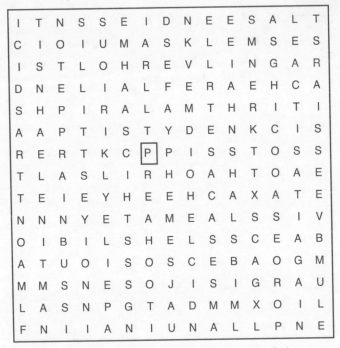

I	T	N	S	S	E	I	D	N	E	E	S	A	L	T
C	I	O	I	U	M	A	S	K	L	E	M	S	E	S
I	S	T	L	O	H	R	E	V	L	I	N	G	A	R
D	N	E	L	I	A	L	F	E	R	A	E	H	C	A
S	H	P	I	R	A	L	A	M	T	H	R	I	T	I
A	A	P	T	I	S	T	Y	D	E	N	K	C	I	S
R	E	R	T	K	C	P	P	I	S	S	T	O	S	S
T	L	A	S	L	I	R	H	O	A	H	T	O	A	E
T	E	I	E	Y	H	E	E	H	C	A	X	A	T	E
N	N	N	Y	E	T	A	M	E	A	L	S	S	I	V
O	I	B	I	L	S	H	E	L	S	S	C	E	A	B
A	T	U	O	I	S	O	S	C	E	B	A	O	G	M
M	M	S	N	E	S	O	J	I	S	I	G	R	A	U
L	A	S	N	P	G	T	A	D	M	M	X	O	I	L
F	N	I	I	A	N	I	U	N	A	L	L	P	N	E

Starting at letter (P) move up, down, left or right to find the medical
terms below. (Not listed) at the end of the trail is a medicine.

Medicine: _____

ABSCESS	JAUNDICE	SHOOTING PAINS
APPENDICITIS	LUMBAGO	SMALLPOX
ARTHRITIS	MALARIAL FEVER	SMELLING SALTS
BILIOUSNESS	MEASLES	
EARACHE	MIGRAINE	TONSILLITIS
EYESTRAIN	NETTLE RASH	TOOTHACHE
HOUSEMAID'S- KNEE	PRICKLY HEAT	TYPHOID
INFLAMMATION	SEA SICKNESS	

IT'S WITHIN

Q	W	H	T	Z	I	T	H	E	R	T	I	K	S	N
J	U	I	H	N	W	D	C	N	K	E	E	I	A	J
K	A	I	D	I	T	T	O	H	D	N	T	G	K	M
B	V	E	T	I	R	W	S	I	C	E	I	K	K	J
J	N	C	V	E	E	E	T	R	V	T	N	T	L	J
V	H	D	I	T	C	H	H	H	A	S	I	K	P	T
C	I	V	N	B	I	C	R	T	N	J	F	H	T	N
A	K	S	B	I	T	T	E	R	I	N	V	I	T	E
V	C	I	I	I	E	D	T	O	T	H	B	G	C	Y
I	K	M	T	T	G	K	T	M	Y	R	W	E	I	P
T	G	S	T	E	D	I	I	I	O	K	X	L	R	G
Y	I	K	I	C	M	N	L	T	D	I	P	T	T	Q
H	T	M	R	R	I	B	G	B	T	N	V	I	I	A
J	E	D	E	L	T	T	I	L	K	Y	A	T	C	X
Z	M	P	M	R	T	J	Y	H	G	G	V	B	J	M

All of the words in this puzzle have the word "it" inside them.

AGITATED	FINITE	MERIT	TWITCH
BAIT	GAIT	OMIT	VANITY
BANDIT	GLITTER	ORBIT	VISIT
BITTER	HITCH	PERMIT	WRITE
CAVITY	HITHER	QUITE	ZITHER
CITRIC	INVITE	RECITE	
CITY	ITEM	REMIT	
DITCH	KITE	SITE	
DITTO	KITTY	SKIT	
EDIT	KNIT	STITCH	
EXIT	LITTLE	TITLE	

ROYAL FAMILY

S	E	P	P	C	R	O	W	N	A	T	E	Y
T	F	L	N	J	B	M	Y	F	R	R	J	S
H	R	C	T	J	E	W	E	L	S	U	W	T
R	I	C	H	S	D	G	T	L	T	O	H	R
O	B	F	T	I	A	R	A	N	B	C	P	U
N	T	R	B	P	H	C	R	A	N	O	M	C
E	G	G	R	O	H	J	C	F	F	T	N	N
G	V	I	L	W	E	B	O	R	W	E	E	B
B	T	F	E	E	P	P	T	P	M	S	C	R
E	I	B	T	R	J	C	S	P	G	K	A	B
W	T	B	S	H	N	P	I	C	O	P	L	R
P	L	L	R	F	J	R	R	B	W	M	A	V
J	E	M	I	G	E	R	A	H	N	P	P	Y

ARISTOCRAT	MONARCH	ROBE
BOWS	NOBLE	THRONE
CASTLE	PALACE	TIARA
COURT	POMP	TITLE
CROWN	POWER	
CURTSY	REGIME	
EMPIRE	REIGN	
GOWN	RICH	
JEWELS	RITE	

JUST RELAX

```
S  T  W  R  M  D  E  G  L  E  D  S  D
T  H  R  U  M  T  E  D  A  W  I  I  E
I  D  T  H  A  N  E  S  L  W  C  L  S
L  E  W  D  T  C  Y  A  O  A  R  E  I
L  H  E  L  A  W  N  T  L  P  W  N  O
G  S  E  E  W  G  D  P  R  A  M  T  P
D  U  P  L  U  T  E  N  C  Y  G  O  W
E  H  R  I  A  E  G  L  A  M  R  G  C
X  E  D  N  G  I  N  E  B  L  W  R  O
A  V  L  W  R  U  N  S  L  A  B  T  C
L  A  W  L  U  Q  O  E  G  B  I  A  T
E  U  R  G  U  F  W  L  G  H  L  M  O
R  S  T  W  T  L  G  H  R  M  O  E  A
```

AMIABLE	LULL	SUAVE
BALMY	MUTE	TAME
BENIGN	PEACE	
BLAND	PLACID	
CALM	POISED	
COMPOSED	QUIET	
EASY	RELAXED	
GENIAL	SEDATE	
GENTLE	SILENT	
HUSHED	SOFT	
LANGUID	STILL	

TOP LOT

```
M  P  I  L  O  T  L  A  P  I  C  N  I  R  P
P  A  U  U  T  F  N  D  A  E  H  D  P  O  A
C  C  Y  G  Z  S  F  E  I  H  C  R  G  R  R
D  Z  O  O  T  N  O  I  G  F  R  O  E  E  A
U  N  A  M  R  I  A  H  C  E  V  T  N  P  T
K  Q  D  R  M  A  N  A  G  E  R  C  E  M  S
E  D  I  C  T  A  T  O  R  U  R  U  R  E  Y
F  O  R  E  M  A  N  N  L  R  E  D  A  E  L
T  M  E  O  F  A  O  D  E  E  A  N  L  Z  R
P  O  C  U  L  R  J  I  E  D  E  O  O  E  A
J  N  T  K  J  R  M  E  M  R  I  C  T  D  N
U  A  O  P  G  E  E  I  S  P  E  S  M  E  N
D  R  R  O  R  N  R  V  S  T  A  L  E  E  Y
G  C  A  P  T  A  I  N  O  M  Y  U  U  R  Z
E  H  Y  E  L  C  F  K  B  Q  Q  B  V  R  P
```

ADMIRAL	FOREMAN	MONARCH
BOSS	GENERAL	OFFICER
CAPTAIN	GOVERNOR	OVERLORD
CHAIRMAN	HEAD	PILOT
CHIEF	HOST	POPE
COMMANDER	JUDGE	PREMIER
CONDUCTOR	KING	PRESIDENT
CZAR	LEADER	PRINCIPAL
DICTATOR	MAJESTY	QUEEN
DIRECTOR	MANAGER	REGENT
DUKE	MASTER	RULER
EMCEE	MAYOR	STAR
EMPEROR	MOGUL	

PLACE THE NAME

S	F	D	N	O	T	G	N	I	H	S	A	W	A	C
D	X	L	I	J	I	A	E	S	L	E	H	C	H	J
E	W	I	O	V	H	S	C	O	N	H	T	A	O	E
R	S	X	N	R	A	H	N	O	B	A	R	H	W	L
I	A	E	M	E	E	D	T	A	P	L	N	D	I	A
H	R	S	H	S	O	N	J	E	I	L	E	E	N	G
S	A	S	T	N	I	H	C	E	U	R	R	N	D	N
Y	B	E	M	L	O	W	P	E	N	I	B	V	S	I
B	R	B	C	A	A	V	I	C	H	N	M	E	O	T
R	A	L	R	R	H	R	E	S	E	A	O	R	R	H
E	B	L	W	U	E	G	A	D	L	G	R	I	F	G
D	F	I	Y	L	C	C	U	C	X	E	R	A	D	I
S	C	J	A	H	N	E	O	A	P	E	R	O	S	N
K	C	N	R	A	W	L	B	V	M	D	T	N	E	K
S	D	R	L	T	M	T	E	S	R	E	M	O	S	G

The words in the following grid are all people whose name contains a place name. Can you match the pairs?

BARBARA	DIONNE	MALCOLM
BRIAN	EILEEN	MAUGHAM
BRUCE	ESSEX	NIGHTINGALE
CHARLIE	FLORENCE	PAT
CHELSEA	GEORGE	PHOENIX
CHESTER	IRELAND	SARAH
CLINTON	JILL	SOMERSET
DAVID	JOHN	WARWICK
DENVER	KENT	WASHINGTON
DERBYSHIRE	LANCASHIRE	WINDSOR
DEVON	LONDON	

WHAT A GEM

```
I  R  E  N  I  R  A  M  A  U  Q  A  R  M  P
P  L  A  T  I  N  U  M  S  P  M  E  O  E  T
D  T  U  R  Q  U  O  I  S  E  P  O  R  P  C
A  N  E  Z  N  O  R  B  T  P  N  I  E  Z  A
E  E  O  R  A  S  T  H  O  S  D  A  A  N  R
N  D  O  M  S  L  Y  C  T  O  R  P  M  E  N
I  A  E  A  A  S  S  O  T  L  O  R  T  E  E
L  J  R  R  T  I  N  I  B  T  H  A  O  M  L
A  B  Y  E  I  E  D  S  P  E  G  H  P  E  I
M  N  D  B  S  H  I  A  Z  A  R  L  A  R  A
R  O  L  T  U  L  P  A  M  T  L  Y  L  A  N
U  C  O  T  V  R  O  P  A  B  R  T  L  L  O
O  R  G  E  T  E  N  R  A  G  E  A  E  D  N
T  I  R  I  V  O  R  Y  L  S  T  R  U  J  Y
E  Z  O  E  N  O  T  S  D  O  O  L  B  Q  X
```

The items in the following grid can all be used to make jewellery.

AGATE	EMERALD	PEARL
AMBER	ENAMEL	PERIDOT
AMETHYST	GARNET	PLATINUM
AQUAMARINE	GOLD	QUARTZ
BERYL	IVORY	RUBY
BLOODSTONE	JADE	SAPPHIRE
BRASS	JET	SILVER
BRONZE	LAPIS LAZULI	TOPAZ
CARNELIAN	MOONSTONE	TOURMALINE
COPPER	ONYX	TURQUOISE
DIAMOND	OPAL	ZIRCON

HAPPY FAMILIES

D	F	E	K	E	E	R	T	Y	L	I	M	A	F	S
P	E	Q	U	N	N	Y	N	O	S	O	B	Y	R	P
L	K	S	O	S	R	I	Y	G	T	I	S	O	N	I
W	A	G	C	O	S	R	L	H	R	J	T	P	O	H
G	Y	N	T	E	T	I	E	T	F	S	O	S	I	S
B	N	S	R	S	N	R	H	H	E	V	C	Y	T	N
P	I	I	E	E	H	T	N	C	T	I	K	E	C	O
H	R	C	L	E	T	G	N	I	O	A	F	E	A	I
T	N	O	I	B	E	A	S	N	K	U	F	R	R	T
A	S	R	G	N	I	R	P	S	F	F	O	G	T	A
H	S	I	E	E	T	S	E	R	A	E	N	I	X	L
K	C	S	L	A	N	R	E	T	A	M	V	D	E	E
N	D	O	O	L	B	Y	S	S	I	S	T	E	R	R
I	N	E	R	D	L	I	H	C	T	R	E	P	X	E
L	G	R	A	N	D	P	A	R	E	N	T	S	R	W

The words in the following grid are all associated with genealogy.

ANCESTORS	GENES	OFFSPRING
ANCESTRY	GRANDPARENTS	PATERNAL
BIRTH	HEIRS	PEDIGREE
BLOOD	HISTORY	PROGENY
BYGONE	ISSUE	RELATIONSHIPS
CHILDREN	KIN	SCION
DESCENT	LINE	SIBLING
DISTAFF	LINK	SISTER
EXPERT	LIST	SON
EXTRACTION	MATERNAL	STOCK
FAMILY TREE	MOTHER	
FATHER	NEAREST	

ON THE HOOK

L	P	B	T	S	G	E	T	I	H	W	W	R
L	C	A	R	P	Y	R	L	L	K	G	K	G
O	O	S	B	L	K	B	E	D	H	C	S	P
B	M	J	J	W	O	R	M	L	T	G	H	P
S	P	B	S	B	E	D	S	B	R	E	A	D
T	S	H	A	K	E	H	H	C	P	S	D	M
E	I	S	C	B	T	R	J	C	T	I	Y	P
R	P	A	G	C	G	S	L	W	U	E	K	L
D	M	H	B	B	S	A	L	Q	P	T	R	E
G	I	D	C	L	M	L	S	G	T	S	B	S
F	R	I	E	D	S	M	N	K	R	A	H	S
N	H	E	P	W	S	O	D	G	J	T	R	U
G	S	L	P	D	A	N	U	T	M	G	B	M

BAIT	MUSSEL	WHITE
BOAT	PIKE	WORM
BREAD	SALMON	
CARP	SHAD	
CLAM	SHARK	
EELS	SHRIMP	
FRIED	SMELT	
HAKE	SQUID	
LOBSTER	TASTE	
MACKEREL	TUNA	

SO, SEW

P	L	N	N	B	V	B	A	T	T	I	N	G
I	N	B	I	C	L	M	P	G	V	C	O	K
E	M	B	V	O	G	B	P	K	M	M	T	Y
C	D	B	C	L	J	N	L	L	P	N	T	Y
I	E	K	M	O	B	V	I	N	A	M	O	L
N	S	N	D	U	M	B	Q	N	T	M	C	C
G	I	M	E	R	N	C	U	T	T	I	N	G
K	G	N	D	S	M	M	E	N	E	L	N	N
B	N	M	D	R	M	B	V	V	R	M	N	I
S	S	M	A	R	K	I	N	G	N	M	B	W
B	V	W	P	M	N	V	G	D	R	R	Y	E
D	E	T	F	U	T	S	E	R	A	U	Q	S
B	V	V	C	K	R	O	W	H	C	T	A	P

APPLIQUE   PATCHWORK
BATTING   PATTERN
BLOCKS   PIECING
COLOURS   SEWING
COTTON   SQUARES
CUTTING   TUFTED
DESIGNS   WARM
JOIN
MARKING
PADDED

IN FLIGHT

```
Y  P  L  A  N  E  P  M  A  G  A  Z  I  N  E
R  R  G  B  S  I  G  N  S  S  L  B  B  L  Q
O  E  T  W  L  K  B  A  T  H  O  O  B  M  U
T  G  N  O  I  P  N  A  N  T  E  N  N  A  I
A  N  T  E  H  N  E  I  C  W  N  G  B  B  P
V  E  N  F  E  S  D  G  R  R  L  N  O  A  M
A  S  A  B  R  R  E  O  A  D  E  I  N  G  E
L  S  D  K  A  E  C  N  W  L  P  W  T  G  N
P  A  N  W  G  R  I  S  O  O  L  E  G  A  T
P  P  E  M  B  A  N  G  I  H  K  E  E  G  O
A  T  T  M  T  A  R  D  H  C  P  N  Y  E  W
S  J  T  P  C  A  A  H  I  T  I  D  I  K  E
S  L  A  K  C  R  O  T  A  G  I  V  A  N  R
H  C  A  O  C  S  E  G  N  U  O  L  P  E  H
L  I  G  H  T  S  N  E  M  M  U  S  I  C  H
```

ANTENNA	HEADPHONES	PLANE
ATTENDANT	HOLD	RADIO
BAGGAGE	HOST	SCREEN
BAR	LAVATORY	SEATS
CABIN	LIGHTS	SIGNS
CAPTAIN	LOUNGE	SNACK
CARGO	MAGAZINE	STEWARD
COACH	MEAL	TAG
CREW	MOVIE	TICKET
DRINKS	MUSIC	TOWER
ENGINE	NAVIGATOR	WINDOW
EQUIPMENT	PASS	WING
FREIGHT	PASSENGER	
GALLEY	PILOT	

SHIPPING FORECAST

```
E  R  R  E  T  S  I  N  I  F  R  A  I  N  E
Q  S  A  E  S  H  S  I  R  I  Y  T  S  I  L
E  H  E  B  R  I  D  E  S  D  E  E  D  L  O
H  T  U  O  M  Y  L  P  N  N  M  N  H  A  S
O  Y  B  E  R  S  M  U  A  A  I  T  I  M  S
D  D  P  T  E  E  L  E  H  W  R  S  F  F  E
E  U  C  A  B  V  A  T  N  O  E  A  G  L  I
L  O  R  R  M  E  C  F  F  Y  H  F  N  H  T
S  L  E  E  U  R  D  N  A  L  T  R  O  P  R
I  C  G  D  H  E  W  E  A  T  A  O  N  Y  O
R  D  G  O  G  N  I  K  I  V  E  U  N  A  F
I  K  O  M  Y  M  R  O  T  S  W  G  A  C  D
A  M  D  V  L  L  A  K  C  O  R  H  H  S  O
F  I  S  H  E  R  S  R  E  W  O  H  S  I  O
A  E  S  Y  T  R  A  M  O  R  C  J  I  B  G
```

BISCAY	FORTIES	SEA
CALM	GOOD	SEVERE
CLOUDY	HEBRIDES	SHANNON
CROMARTY	HUMBER	SHOWERS
DOGGER	IRISH SEA	SOLE
DOVER	LUNDY	STORMY
FAEROES	MALIN	THAMES
FAIR ISLE	MODERATE	TYNE
FASTNET	PLYMOUTH	VIKING
FINE	PORTLAND	WEATHER
FINISTERRE	RAIN	WIND
FISHER	ROCKALL	
FORTH	ROUGH	

HOME SWEET HOME

Q	R	E	N	E	S	T	P	N	O	I	S	T	Y	M
W	H	L	H	J	M	D	N	O	P	J	J	K	Q	L
E	S	B	G	K	N	S	H	I	F	H	I	U	W	F
Y	E	A	A	L	B	P	A	L	A	C	E	E	N	I
U	T	T	F	D	V	I	G	H	I	E	B	E	O	S
I	T	S	D	R	G	D	F	P	N	M	L	T	D	H
O	P	A	S	I	C	E	E	O	J	E	O	O	P	Q
N	A	E	E	B	X	R	R	U	K	N	V	C	S	R
E	S	Z	G	A	Z	K	D	H	L	E	H	I	T	T
D	D	X	A	S	A	F	C	G	L	T	G	C	H	I
Y	O	U	R	D	R	A	B	R	E	H	F	O	U	B
P	F	G	A	O	S	F	A	F	N	J	R	O	V	B
P	G	Y	G	Z	X	C	H	D	N	S	E	P	S	A
O	I	T	C	V	H	F	S	E	E	C	D	E	W	R
I	U	G	H	C	T	U	H	S	K	B	A	Y	X	A

Can you pair the items with their 'homes' in the list below?

BADGER	FROG	PIG
BEE	GARAGE	POND
BIRD	HEN	QUEEN
CAR	HIVE	RABBIT
COOP	HUTCH	SEA
COTE	HORSE	SETT
DEN	LION	SPIDER
DOG	KENNEL	STABLE
DOVE	NEST	STY
FISH	PALACE	WEBK

WRITE SIZE

S	Y	K	I	M	M	I	N	U	T	E	P	Y
T	O	N	U	N	Y	I	P	T	R	E	E	S
A	O	M	I	F	H	R	L	A	Y	S	H	W
S	H	O	R	T	S	U	A	U	L	Y	T	E
L	E	F	G	H	E	O	M	Q	T	A	L	L
H	U	G	E	N	L	D	E	S	R	C	K	F
K	A	S	I	I	F	M	U	O	O	N	E	I
T	L	F	Q	B	U	L	K	B	P	U	T	N
S	M	A	L	L	F	R	Y	K	P	U	N	Y
T	A	F	O	A	L	S	K	I	M	P	Y	Q
O	I	V	G	L	R	W	C	H	U	B	B	Y
U	O	U	M	V	Y	G	A	Y	L	R	U	B
T	C	H	O	L	E	G	E	L	P	M	A	Y

AMPLE	MINUTE	TINY
BIG	PLUMP	VOLUME
BULK	PORTLY	WEE
BURLY	PUNY	
CHUBBY	SHORT	
ELFIN	SKIMPY	
FINE	SMALL FRY	
FLESHY	SQUAT	
HUGE	STOUT	
LARGE	TALL	
LUSTY	THIN	

BOOK WORM

B	E	A	R	O	S	I	X	E	C	H	A	C
R	O	D	U	T	L	A	K	E	O	R	A	M
T	X	E	I	O	C	N	T	O	D	N	L	I
O	B	U	M	U	O	O	R	E	A	D	E	R
N	E	S	N	I	G	I	S	M	X	O	V	P
G	I	S	T	Y	M	T	L	A	E	M	O	T
E	N	I	Z	A	G	A	M	O	L	T	N	E
B	D	S	N	B	C	C	P	U	F	T	L	B
E	M	U	L	O	V	I	M	R	E	B	A	T
T	A	I	D	O	B	L	E	X	I	C	O	N
L	S	E	A	K	M	B	T	B	C	M	I	A
O	X	E	A	L	B	U	M	U	R	L	E	O
T	A	R	T	Y	O	P	S	E	T	M	U	R

ALBUM	MAGAZINE
ALMANAC	MANUAL
ATLAS	NOVEL
BIBLE	PRIMER
BOOK	PUBLICATION
CODEX	READER
EDITION	TEXT
FOLIO	TOME
GUIDE	VOLUME
ISSUE	
LEXICON	

MUSIC MAKERS

G	A	Y	O	M	S	F	I	D	L	A	V	I	V	B
R	E	B	U	I	F	T	Y	R	C	O	W	A	R	D
E	R	R	Y	O	N	A	R	R	E	N	G	A	W	B
B	E	I	S	S	J	I	Z	A	G	L	H	G	C	R
M	B	T	N	H	S	S	C	H	U	M	A	N	N	P
O	E	T	H	T	W	U	N	C	S	S	T	N	U	H
R	W	E	A	L	D	I	B	T	U	C	S	R	D	S
E	N	N	N	P	L	L	N	E	R	P	C	Z	E	T
N	O	F	D	R	I	E	K	X	D	E	R	K	R	R
I	V	D	E	L	I	B	E	S	L	C	B	A	M	E
D	E	B	L	E	V	I	D	L	H	A	Z	R	H	B
O	L	P	I	N	I	S	S	O	R	O	B	O	E	U
R	L	W	K	V	M	J	P	T	M	U	I	V	S	H
O	O	B	E	R	L	I	O	Z	U	Q	T	D	W	C
B	L	N	O	P	N	K	L	A	C	O	A	T	E	S

60 sets of letters to be joined to form 30 composers.
Then find them in the puzzle. One is done as an example.

TES	RAK	DEL	IOZ	TTEN	ARD
WE	BAR	VIV	~~HAN~~	ROS	ROM
BERT	PURC	HMS	AUSS	HER	IREL
BRA	AND	ELLO	COW	BER	CHO
NER	COA	MOZ	CINI	SCHU	ALDI
GERS	SCH	BERL	HWIN	SSY	FOS
PUC	ODIN	BERG	ELL	STR	LIUS
LIN	~~DEL~~	ART	TOK	NOV	BOR
SIBE	BERT	PIN	WAG	UMANN	BER
IBES	DEBU	SINI	DVO	BRI	TER

FOOD MIXER

K	S	T	U	B	I	L	A	H	C	A	N	I	P	S
C	A	P	R	O	E	B	D	R	A	T	S	U	C	B
U	H	L	A	O	N	A	C	O	R	N	O	K	R	I
D	G	I	E	G	U	I	N	V	R	S	L	E	Y	R
A	R	M	C	S	H	T	O	S	O	R	A	N	G	E
L	E	E	T	K	Y	E	S	N	T	D	M	X	O	R
A	E	U	S	E	E	E	T	H	S	P	B	R	O	A
S	N	T	K	S	O	N	S	T	S	E	E	T	S	P
E	S	R	T	T	I	A	V	B	I	G	A	Z	E	S
O	U	U	A	U	Q	N	R	D	R	C	F	S	T	A
T	N	M	A	Q	C	A	G	U	O	K	E	E	O	U
A	O	R	S	S	B	E	B	I	A	L	E	E	A	S
T	K	A	G	U	K	M	P	E	P	E	C	X	S	A
O	E	G	H	A	A	A	T	P	M	I	L	K	T	G
P	E	R	C	H	T	S	A	O	R	T	O	P	I	E

APPLES	KALE	RICE
BEANS	LAMB	SALAD
BREAD	LETTUCE	SAUSAGE
CAKE	LIME	SOUP
CARROTS	MILK	SPAGHETTI
CHICKEN	NUTS	SPARE RIBS
CORN	OKRA	SPINACH
CUSTARD	ONIONS	STEAK
DRESSING	ORANGE	TAPIOCA
DUCK	PEAS	TOAST
EGGS	PERCH	TOMATOES
GOOSE	PIE	TROUT
GREENS	POTATOES	TUNA
HALIBUT	POT ROAST	TURKEY
HAMBURGER	RHUBARB	

ON THE FARM

```
P O N I E S O W S W O D A E M
I A E G D E H E N S K C I H C
G T D S K V P E R M A N U R E
L S S D R L M O A A S S A R G
E C E G O A T S B R T M A R E
T I L H G C O R N F I E L D S
S N B O A N K B S L A N J H D
E A A R T I F S K B X R G F G
I G T S E A E I C U M U M I F
R R S E S R N L R L O A V E A
E O H S U G C A O L E U L L R
G D O T S B E G P S W O C D M
G F S H A R V E S T E R S S W
I A E R E P A E R E S U O H R
P D O G S R O T A V I T L U C
```

BARNS
BOARS
BULLS
CALVES
CHICKS
CORNFIELDS
COWS
CROPS
CULTIVATORS
DOGS
EWES
FARM
FARMER
FENCE
FIELDS
GATES

GOATS
GRAIN
GRASS
HARVESTERS
HEDGE
HENS
HOE
HORSES
HOSE
HOUSE
LAMBS
MANURE
MARE
MEADOWS
MILKING SHED
OATS

ORGANICS
PADDOCKS
PASTURES
PIGGERIES
PIGLETS
PLOUGHS
PONIES
RAMS
REAPER
SHEARING
SILAGE
SOWS
STABLES
TRACTORS

MEDLEY MAZE

P	R	A	H	S	E	A	T	U	N	E	L	L
I	M	B	B	A	T	E	E	R	A	N	E	D
E	V	A	N	O	H	A	H	C	T	I	P	E
C	R	U	F	F	A	Y	F	U	L	L	O	N
E	T	U	D	E	T	Q	U	F	T	A	N	T
F	I	S	S	H	L	O	U	C	H	O	R	D
S	T	E	M	A	N	C	R	A	M	O	N	B
N	O	T	E	V	E	N	R	A	V	E	L	E
R	E	A	D	L	A	M	E	N	Y	E	K	C
R	O	I	L	O	O	T	A	N	N	L	R	E
E	N	I	E	N	E	A	D	D	O	A	N	L
S	R	A	Y	D	O	L	E	M	I	C	K	Y
T	I	M	E	N	O	F	F	I	T	S	A	T

BAR	MELODY	TONE
BLEND	NOTE	TRILL
CHORD	PIECE	TUNE
CLEF	PITCH	
ETUDE	QUAVER	
FLAT	REST	
HARMONY	RHYTHM	
KEY	SCALE	
LINE	SHARP	
MEASURE	STAFF	
MEDLEY	TIME	

A-Z TRAVEL

S	A	G	F	N	O	N	A	B	E	L	D	G
C	E	B	E	U	Q	V	E	N	I	C	E	H
Y	A	L	N	R	I	I	S	T	A	H	N	Z
N	E	C	A	H	M	N	L	Z	E	I	M	A
C	D	K	T	W	R	A	A	T	A	N	A	M
H	N	N	R	E	G	I	N	P	O	A	R	B
S	A	L	T	U	S	L	S	Y	L	O	K	I
X	L	S	T	S	T	A	F	G	E	E	V	A
A	L	R	U	K	E	R	I	E	A	M	S	I
U	O	R	L	R	A	T	L	A	M	I	E	D
P	H	E	O	N	C	S	H	J	A	P	A	N
T	E	K	C	N	M	U	I	G	L	E	B	I
S	T	E	O	I	R	A	T	N	O	E	I	N

The remaining letters will
reveal 3 more places to visit.

AUSTRALIA	KOREA	ULSTER
BELGIUM	LEBANON	VENICE
CHINA	MALTA	WALES
DENMARK	NAPLES	XANTHI
EGYPT	ONTARIO	YEMEN
FRANCE	PORTUGAL	ZAMBIA
GERMANY	QUEBEC	
HOLLAND	RUSSIA	
INDIA	SPAIN	
JAPAN	TURKEY	

FAMOUS LOVERS

```
R N O T R A C Y E N D Y S A P O M S
M J T M B Y L I O C A R N M Q A L W
C A S A N O V A G B H O B X R L Z O
L Y Z Q T J C O H A M O P G P N K A
X N R U D R P I K E R J U L I E T G
M O K A O M I G D S L E R Q H N N N
A T A N N N A S U P R E T W V I P O
D N T I J O E R T I I O N T N J A T
A A W Y U D D O T A N S P W E X U O
M C Q E A V H E R S N E O H A R L L
E R D V N R G T B S I R V L E O P E
D A H Z U A A C R E B R F E D L S C
U M A E U P G F T T R S T A R E I N
B W L T O E M O R S I G D T U E N A
A F I E P O L E N E P S E C U S R L
R E L I Z A B E T H B A R R E T T R
R C E G N O T L I M A H Y D A L D I
Y H D V R G F U K U T Y Q E T C O S
```

CASANOVA

CIGARETTE

CLEOPATRA

CYRANO DE
BERGERAC

DELILAH

DESDEMONA

DON JUAN

ECHO

ELIZABETH
BARRETT

FAUST

GUINEVERE

HELEN

ISOLDE

JULIET

LADY HAMILTON

MADAME DU
BARRY

MARC ANTONY

MARGUERITE
GAUTIER

OPHELIA

PENELOPE

ROBERT
BROWNING

ROMEO

SIR LANCELOT

SYDNEY CARTON

TRISTRAM

RACE AWAY

B	H	M	C	D	S	E	I	H	P	O	R	T	S	E
H	E	K	A	J	E	H	T	S	M	E	S	K	P	T
C	S	T	R	R	W	E	Q	E	L	E	C	S	H	A
T	R	I	S	I	A	A	P	A	P	A	O	Y	S	G
E	U	Q	N	J	Q	T	Y	S	S	M	V	N	T	R
R	N	S	Z	I	T	U	H	E	D	P	O	I	A	A
T	N	X	F	O	F	M	G	O	G	E	O	C	R	C
S	E	S	R	O	H	N	W	Y	N	B	R	R	T	I
E	R	T	S	S	E	N	K	A	E	R	B	B	T	N
M	E	D	A	L	S	L	S	B	T	E	A	M	Y	G
O	X	T	L	S	U	C	M	S	P	G	Y	Q	Q	Q
H	Z	A	E	S	O	O	E	H	A	A	O	T	U	A
Q	H	L	M	T	N	C	R	M	C	T	R	A	C	K
C	U	Q	S	T	A	O	B	H	E	T	H	C	L	Y
R	E	M	M	I	W	S	T	S	T	A	K	E	S	S

ACES
ASCOT
AUTO
BETS
BOATS
CANOE
CARS
CHALLENGE
COMPETE
DERBY
EPSOM
 DOWNS
FINISH
GATE

GOALS
HEAT
HOME
 STRETCH
HORSES
MARATHON
MEDAL
PACE
RACING
REGATTA
RELAY
RIVALS
RULES
RUNNER

SACKS
SPEED
SPORT
STAKES
START
SULKY
SWIMMER
TEAM
TRACK
TROPHIES
TROT
WINS
YACHT

IT'S A PUPPET

D	R	C	B	R	G	O	D	E	H	T	Y	B	O	T
B	E	E	M	E	O	M	K	D	P	E	R	K	Y	A
M	S	L	K	W	N	T	I	U	L	I	C	T	N	R
A	H	S	U	R	B	L	I	S	A	B	O	D	L	D
L	N	I	Y	M	A	V	E	N	S	O	Y	E	S	N
E	L	L	P	D	E	P	T	I	S	P	E	X	D	A
H	F	I	O	Q	U	H	B	W	A	O	I	F	O	L
T	B	L	B	O	E	J	T	N	S	F	K	G	U	O
Y	P	K	O	S	B	I	D	N	R	N	N	B	G	R
R	G	E	N	R	M	Y	T	H	I	Z	I	M	A	Y
R	Y	A	E	R	E	U	L	P	Z	F	P	A	L	G
A	I	O	E	W	M	N	T	O	U	W	F	V	R	Y
L	A	K	U	E	S	I	C	J	O	N	E	U	A	B
P	F	O	Z	Z	I	E	B	E	A	R	C	E	M	H
E	P	O	L	E	N	E	P	Y	D	A	L	H	D	N

ANDY PANDY	KERMIT	ROLAND RAT
BASIL BRUSH	LADY PENELOPE	SOOTY
BEN	LARRY THE	SWEEP
BILL	LAMB	TOBY THE DOG
BRAINS	LOOBY LOO	WEED
BRIAN THE	MISS PIGGY	
SNAIL	MUFFIN THE	
DOUGAL	MULE	
EMU	PARKER	
FLORENCE	PERKY	
FOZZIE BEAR	PINKIE	
JUDY	PUNCH	

MUSICAL HIT

B	H	D	S	L	E	S	U	O	R	A	C	K	C	T
Y	E	O	J	L	A	P	H	E	V	I	T	A	E	K
R	B	C	E	M	A	M	V	O	F	I	C	R	F	I
O	U	W	A	G	N	Y	E	I	W	H	A	I	R	S
T	D	A	T	M	L	G	C	M	E	B	B	M	O	S
S	D	Y	M	L	E	A	J	S	A	R	O	K	L	M
E	Y	E	A	O	P	L	S	C	A	F	I	A	I	E
D	E	S	J	H	H	S	O	Z	G	S	M	S	T	K
I	Q	S	T	O	U	A	I	T	M	T	S	P	H	A
S	G	U	A	I	L	L	E	P	S	D	O	G	T
T	O	Y	H	E	A	I	T	K	A	D	A	C	Y	E
S	A	M	P	X	R	Z	V	I	O	I	N	P	M	E
E	F	M	O	S	E	G	G	E	G	O	N	L	M	P
W	C	A	T	S	Y	O	N	I	R	B	I	E	O	E
E	R	M	I	D	N	A	G	N	I	K	E	H	T	P

ANNIE	GODSPELL	OKLAHOMA
BRAZIL	GREASE	OLIVER
BUDDY	GYPSY	PAL JOEY
CABARET	HAIR	PEPE
CAMELOT	HELP	SALLY
CAROUSEL	KISMET	SHOWBOAT
CATS	KISS ME KATE	SOUTH PACIFIC
CHESS	MAME	THE KING AND I
EVITA	MAMMY	TOMMY
FAME	MISS SAIGON	TOP HAT
GIGI	MY GAL SAL	WEST SIDE STORY

GOING SOLO

```
H  K  I  N  G  A  L  B  E  R  T  Q  B  A  W  A  Y
T  L  O  S  F  Y  P  E  R  C  U  E  C  A  D  E  R
N  Y  F  U  E  L  O  F  G  A  N  N  G  M  S  T  N
I  B  N  L  R  W  O  Y  D  R  I  E  H  R  D  O  U
R  M  S  T  O  E  A  R  F  N  A  D  I  L  I  T  M
Y  I  H  A  R  W  I  T  E  N  R  A  V  T  M  Y  B
B  S  K  N  S  L  E  T  I  N  P  E  O  H  A  A  E
A  S  A  G  L  C  Y  R  A  S  T  M  D  G  R  P  R
L  M  N  E  U  O  A  I  G  P  L  I  W  I  Y  R  E
W  I  B  E  N  S  D  R  K  A  G  P  N  E  P  V  L
K  L  D  E  T  R  I  L  U  D  R  L  A  E  I  S  E
S  L  A  F  O  Q  O  T  D  E  L  D  C  H  D  B  V
E  I  L  C  H  N  E  A  F  S  H  I  E  S  T  N  E
N  G  C  P  D  P  O  L  R  A  C  E  T  N  O  M  N
G  A  T  I  R  K  L  M  P  G  B  L  A  C  K  G  L
A  N  K  E  S  A  R  H  E  L  L  I  M  D  N  I  W
T  E  P  R  A  C  E  H  T  D  G  O  L  F  C  H  E
```

30 card games for one player.

ACCORDIAN	KING'S WAY	PYRAMID
AGNES	KLONDIKE	QUADRILLE
BEEHIVE	LABYRINTH	RED ACE/
BISLEY	MISS MILLIGAN	BLACK/DEUCE
DEMON	MONTECARLO	SPADES
EIGHT/AWAY	NINETY ONE	SPIDER
FLORENTINE	NUMBER	SULTAN
FLOWER GARDEN	ELEVEN	THE CARPET
GIANT	PAIRS	TSARINA
GOLF	PATIENCE	WINDMILL
KING ALBERT	PERPETUAL	
	MOTION	

HERB LIST

G	T	N	I	M	N	I	R	C	H	E	R	V	I	L
M	H	E	Y	R	A	M	E	S	O	R	I	M	P	C
H	Y	S	S	O	P	R	E	M	B	C	O	L	Y	H
R	M	K	T	S	M	L	O	Y	R	O	V	A	S	G
U	E	L	F	O	I	T	U	J	T	R	G	B	N	Y
E	Q	B	V	M	O	A	S	Z	R	I	H	E	A	A
D	N	U	O	H	E	R	O	H	O	A	S	D	T	W
Y	I	M	E	R	A	R	W	R	F	N	M	I	R	A
Y	A	T	X	P	A	A	E	O	I	D	Y	M	N	R
C	R	S	T	E	J	G	F	G	R	E	V	G	L	A
L	T	O	E	A	A	O	E	E	L	R	E	Y	N	C
I	L	R	C	N	N	N	J	S	N	L	A	I	S	N
S	K	R	O	I	K	Y	R	T	I	N	S	A	G	E
A	W	E	C	U	H	A	B	C	O	E	E	W	A	D
B	L	L	I	D	P	C	A	N	I	E	L	L	U	M

ANGELICA	DILL	ROSEMARY
ANISE	DITTANY	RUE
ARROWROOT	FENNEL	SAGE
BALM	GINSENG	SAVORY
BASIL	HOREHOUND	SORREL
BORAGE	HYSSOP	TANSY
CAMOMILE	MARJORAM	TARRAGON
CARAWAY	MINT	THYME
CHERVIL	MULLEIN	
CHICORY	OREGANO	
CORIANDER	PARSLEY	

PERPLEXING

A	E	Z	A	M	Y	R	E	T	S	Y	M	X
N	N	W	S	E	U	L	C	O	K	G	E	E
O	H	S	B	O	G	G	L	E	P	L	N	L
I	V	M	W	N	X	V	K	J	P	Z	J	P
T	S	Q	A	E	E	E	V	R	M	U	O	M
S	Y	T	W	N	R	X	E	V	R	J	Y	O
E	N	M	U	I	A	P	T	E	S	T	Q	C
U	X	L	U	D	A	G	H	Z	I	R	X	E
Q	P	Q	N	M	Y	P	R	W	J	I	V	L
U	N	K	G	H	I	Y	T	A	P	C	G	F
I	V	I	K	C	P	U	D	X	M	K	A	F
Z	N	K	E	C	O	D	E	G	V	Y	M	A
E	L	D	D	I	R	E	D	L	I	W	E	B

ANAGRAM	GAME	TEST
ANSWER	INQUIRE	TRICKY
BAFFLE	MAZE	UNTANGLE
BEWILDER	MYSTERY	
BOGGLE	OUTWIT	
CLUES	PERPLEX	
CODE	QUESTION	
COMPLEX	QUIZ	
DECIPHER	RIDDLE	
ENIGMA	SOLVE	
ENJOY	STUDY	

NOTHING TO IT

```
Q D O B S O L E T E H T O
U E H S I N A V D L C B N
M F W P H K I F I M L B O
C U G O N E D R O I I Y T
M N O R L A N F V O Z U H
U C R A E L C I A A C K I
U T T D X Y O B L B N A N
C L N I T N T H A A Y A G
A F A O I O R P L R N S I
V A C S N W E B M R E L S
M S A H C E L A Z E R O S
F L V O T A B S E N T R I
W D A X H S I L O B A M Z
```

ABOLISH	EXTINCT	VANISH
ABSENT	GONE	VOID
ABYSS	HOLLOW	ZERO
BARE	NIL	ZILCH
BARREN	NIRVANA	
BLANK	NONE	
CHASM	NOTHING	
CLEAR	OBLIVION	
DEAD	OBSOLETE	
DEFUNCT	VACANT	
EMPTY	VACUUM	

ZIGZAG

S	H	O	G	E	N	O	O	N	R	O	H	T	J	Z
V	S	W	N	U	B	G	T	H	G	E	T	A	L	R
Y	I	G	O	O	N	E	E	A	P	M	H	F	E	A
F	L	Y	L	B	M	O	L	R	C	Y	N	E	R	K
S	J	D	E	P	U	I	H	G	J	I	T	A	G	C
O	S	C	A	L	K	T	J	A	N	N	H	Z	E	I
F	I	E	F	E	Z	N	T	Z	U	C	O	C	R	K
F	O	F	N	U	O	S	G	E	E	L	L	U	P	B
K	S	L	I	P	H	Y	I	R	Y	Z	O	O	R	W
R	B	V	D	E	Z	A	K	F	H	E	R	V	Y	I
O	W	O	R	T	M	R	D	L	R	D	E	C	S	G
F	T	Y	O	I	C	A	C	Y	K	W	I	H	Y	G
Y	O	A	L	K	L	T	J	K	E	L	Y	O	C	L
B	A	G	I	Z	M	E	R	E	E	T	I	N	A	R
E	E	H	I	V	E	A	D	R	S	H	O	N	D	G

Instead of reading in a straight line, each entry has one bend in it. One word has been marked for you.

ALTHORN	GRANITE	RELICS
BEEHIVE	HAYFORK	SHOGUN
BOLDLY	INFLATE	SLIP-ON
BOOKMARK	JANGLE	TAILOR
BUTTERFLY	KARATE	TEMPLE
CHEERY	KEESHOND	TYPHOON
CHICAGO	LIKENESS	UNFOLD
DELICACY	MAJESTY	VOLUNTEER
DROP KICK	NOURISH	VOYAGE
ENGLISH	OFFICE	WIGGLY
FISHERY	PULLEY	YOUNGER
FLYLEAF	RECHARGER	ZIGZAG

BARDS BATCH

```
A C G K T I E K I L U O Y S A D G T
B S N I G H T S D R E A M F L N W S
O H T E B C A M R C O I O D I E P O
U D V E I M B T I O D F N K L R F L
T M A T L Z E N E S R A V F E W T S
N E F H J A E R U N O R T E I M A R
O R O A C V T M R E D H E N R X M U
T C R D W U M S M Y N S D F E O I O
H H M H R E M O R I W S W R O T N B
I A E S R A R K G E O I U E E H G A
N N A T W U H H I R T S V L L E L L
G T S E E Y T C S N A N M E N L J S
J O U N R M B O I E G A I F S L U E
U F R N A O P M M R H L J W Q O L V
L G E O S K H E N R Y T E O E U I O
I N L S E I A D S I E L F A H H E L
U I J I A N D Y K T L M H O R N T G
S K C N C G N E M E L T N E G O W T
```

ALL'S WELL/	MERRY WIVES/OF WINDSOR
THAT ENDS WELL	MIDSUMMER/ NIGHT'S DREAM
AS YOU LIKE IT	MUCH ADO/
COMEDY/OF ERRORS	ABOUT NOTHING
HAMLET	OTHELLO
JULIUS/CAESAR	ROMEO AND/JULIET
KING/HENRY (IV&V)	SONNETS
KING/JOHN	TAMING/OF THE SHREW
KING LEAR	THE TEMPEST
KING/RICHARD (II)	THE WINTER'S TALE
LOVE'S LABOUR'S LOST	TWELFTH NIGHT
MACBETH	TWO GENTLEMEN/
MEASURE/FOR MEASURE	OF VERONA
MERCHANT OF/VENICE	

NAME THE DAY

G	A	K	J	Y	L	R	E	B	M	E	C	E	D	R
N	M	U	T	U	A	L	M	Y	W	I	N	T	E	R
E	L	F	N	G	Y	A	D	S	R	U	H	T	Z	E
Y	T	Y	Y	E	N	J	A	L	N	A	S	P	X	M
E	H	A	A	W	I	Q	I	O	A	U	B	B	M
A	E	R	D	M	D	Y	R	R	E	F	Y	N	Y	U
R	R	E	S	M	I	N	E	P	Y	E	A	T	A	S
R	E	B	E	O	W	B	O	A	S	B	D	H	D	J
A	B	M	U	N	O	I	D	M	R	R	N	G	S	N
D	M	E	T	T	H	I	T	V	R	U	U	I	E	U
N	E	V	C	H	R	I	S	T	M	A	S	N	N	S
E	T	O	E	F	J	U	U	D	T	R	C	T	D	T
L	P	N	E	N	U	J	G	G	K	Y	S	R	E	I
A	E	F	Y	A	D	R	U	T	A	S	C	O	W	H
C	S	H	C	R	A	M	A	K	E	E	W	F	D	W

APRIL   JULY   SUMMER
AUGUST   JUNE   SUNDAY
AUTUMN   MARCH   THURSDAY
CALENDAR   MAY   TUESDAY
CHRISTMAS   MONDAY   WEDNESDAY
DATE   MONTH   WEEK
DECEMBER   NEW YEAR   WHITSUN
EASTER   NOVEMBER   WINTER
FEBRUARY   OCTOBER   YEAR
FORTNIGHT   SATURDAY
FRIDAY   SEPTEMBER
JANUARY   SPRING

GRAND PRIX

```
L  Y  I  E  J  J  N  I  S  P  A  L  Z
X  E  C  L  W  Y  V  O  E  P  X  J  I
J  A  S  V  I  V  F  Y  I  V  E  S  V
P  R  J  E  N  I  L  I  S  S  E  E  Y
O  L  E  N  N  U  T  R  O  W  Y  N  D
S  Y  G  I  E  I  E  P  T  E  F  I  T
I  V  S  N  R  V  G  R  X  R  I  H  O
T  H  Z  V  I  S  A  N  I  C  R  C  O
I  D  J  R  S  T  R  E  E  T  S  A  F
O  U  D  J  S  R  I  A  L  I  T  M  R
N  O  I  P  M  A  H  C  C  P  J  A  J
V  L  S  D  W  O  R  C  X  Z  C  V  Y
I  T  I  U  C  R  I  C  X  E  X  O  L
```

CARS	LAPS	STREETS
CHAMPION	LOUD	TUNNEL
CIRCUIT	MACHINES	WINNER
CROWDS	NOISY	YEARLY
DRIVERS	PACE	
ENGINES	PIT CREWS	
EVENT	POSITION	
EXCITING	RACE	
FAST	ROAR	
FINISH	SPEED	
FIRST	START	

SHORT & SHARP

```
D  F  F  U  R  G  T  T  L  M  N  U  R
B  R  A  Y  T  H  R  R  T  W  N  O  I
I  R  T  N  D  T  U  U  O  E  L  L  Y
S  P  I  C  E  E  D  C  X  H  R  E  M
D  A  R  S  E  V  E  P  R  T  S  S  S
E  L  A  A  K  R  E  P  U  T  R  N  E
H  Y  P  T  H  C  I  N  S  Q  A  R  Y
S  W  I  F  T  S  C  D  U  P  L  A  T
U  T  D  E  N  I  R  I  P  H  H  R  S
R  N  D  A  V  O  C  Y  L  E  T  H  A
D  U  R  I  U  K  B  R  I  E  F  L  H
T  L  L  G  N  I  S  I  R  P  R  U  S
O  B  H  U  R  R  I  E  D  T  H  E  R
```

BLUNT	ROUGH	UNCIVIL
BRIEF	RUDE	UNEVEN
BRISK	RUSHED	UNEXPECTED
CURT	SHARP	
DIRECT	SHORT	
GRUFF	SNAPPY	
HASTY	SPEEDY	
HURRIED	SURPRISING	
QUICK	SWIFT	
RAPID	TERSE	

GREEN FINGERS

S	D	R	E	D	W	O	P	G	N	I	T	O	O	R
L	E	Y	S	R	S	D	E	E	S	R	S	S	F	H
S	I	E	O	G	H	J	P	C	H	T	R	L	S	S
T	Y	O	D	H	N	I	J	I	O	U	E	E	T	E
N	D	A	S	L	P	I	Z	P	E	H	V	T	R	H
A	G	H	R	E	I	O	T	T	S	O	P	M	O	C
C	S	L	S	T	M	N	A	T	L	B	S	G	W	N
G	T	O	A	E	D	C	G	G	U	T	U	H	E	E
N	H	W	S	S	E	E	R	S	N	C	E	L	L	B
I	G	S	I	S	S	S	E	A	R	A	O	S	B	J
R	I	E	C	N	T	P	L	S	T	E	T	R	S	S
E	L	V	B	A	E	P	A	E	R	O	W	D	M	Y
T	W	A	K	N	I	S	R	T	O	P	U	O	B	S
A	Y	E	S	M	E	T	S	R	E	B	U	T	L	F
W	S	L	R	E	Z	I	L	I	T	R	E	F	D	F

The words in the following grid are all associated with a greenhouse.

BENCHES	HOSEPIPE	SEEDS
BUDS	LEAVES	SHELF
BULBS	LIGHTS	SINK
COMPOST	PLANTS	SOIL
CORMS	POTS	STAKES
CUTTINGS	RHIZOMES	STEMS
DOOR	ROOTING	TAP
FERTILIZER	POWDER	TROWEL
FLOWERS	ROOTS	TUBERS
GLASS	SECATEURS	TWINE
GLOVES	SEED TRAYS	WATERING CAN
HEATER	SEEDLINGS	

CAR PARTS

```
B  K  N  Z  H  C  R  E  T  A  E  H  A  E  N
Q  A  P  A  C  B  U  H  Q  D  D  E  P  L  B
F  I  F  L  T  N  Z  W  A  O  Y  N  L  X  I
T  J  L  F  U  B  Q  A  O  T  E  K  S  A  G
E  H  W  X  L  G  O  R  Z  A  R  A  C  S  E
G  F  S  E  C  E  S  F  O  E  S  H  H  M  N
T  A  E  V  P  A  U  P  H  S  H  F  O  M  D
O  H  P  B  L  Y  E  A  E  G  W  T  K  R  Y
W  T  R  N  K  R  W  D  R  E  O  S  E  B  N
B  W  A  O  Y  E  K  G  O  R  D  T  Q  V  A
A  F  Z  T  T  F  X  N  Y  S  O  M  A  M
R  D  O  S  J  T  S  V  R  I  G  F  E  W  O
A  O  C  I  H  A  L  N  M  E  W  J  O  L  Z
B  G  V  P  W  B  J  E  H  T  E  B  D  O  C
S  K  B  M  L  A  D  E  P  W  F  P  C  A  R
```

AXLE	FAN	SPEEDO
BAFFLE	GASKET	THROTTLE
BATTERY	HEATER	TOW-BAR
BIG END	HORN	TYRE
BOOT	HUB-CAP	WHEEL
CAR	MOTOR	WING
CHOKE	PEDAL	
CLUTCH	PISTON	
DE-MISTER	PLUGS	
DOORS	ROOF	
DYNAMO	SEAT	

TOOL BOX

```
B  S  P  L  A  N  E  C  W  T  R  K  I  T  C
L  R  K  H  F  D  V  A  R  E  L  I  F  E  W
R  E  N  N  A  P  S  L  V  I  D  R  I  L  L
Y  M  W  P  I  T  A  I  J  S  P  R  H  L  R
S  M  S  O  E  F  R  P  S  A  R  A  L  A  D
E  A  M  R  R  D  E  E  Z  N  N  U  B  M  B
H  H  F  E  W  T  B  R  A  D  A  W  L  A  R
T  K  C  E  F  A  H  S  S  E  O  C  P  U  S
Y  W  R  N  Q  X  S  A  G  R  T  R  L  C  T
C  C  E  N  U  L  W  G  C  E  A  E  I  D  A
S  M  P  E  E  P  E  E  I  K  R  S  E  E  P
F  O  P  V  Z  O  L  S  E  J  S  X  R  C  L
K  R  O  F  G  E  A  G  I  O  A  A  S  I  E
N  H  H  C  N  E  R  W  R  H  L  H  W  V  R
S  P  C  L  A  M  P  S  R  E  C  N  I  P  E
```

AXE	HAMMER	SANDER
BRADAWL	HANDSAW	SCISSORS
CALIPERS	JIGSAW	SCREWDRIVER
CHISEL	KNIFE	SCYTHE
CHOPPER	MALLET	SHOVEL
CLAMP	PINCERS	SPADE
CROWBAR	PLANE	SPANNER
DRILL	PLIERS	STAPLER
FILE	PUNCH	TWEEZERS
FORK	RAKE	TROWEL
FRETSAW	RASP	VICE
HACKSAW	RULER	WRENCH

WIND...

D	T	H	W	L	N	E	V	E	E	L	S	T
G	F	D	L	E	I	H	S	S	T	W	U	R
T	H	O	B	L	A	T	H	R	O	N	E	T
D	T	A	O	L	O	R	P	W	N	C	H	E
E	G	W	L	R	T	T	C	E	N	O	K	T
S	N	I	M	O	P	H	L	G	W	R	E	D
T	H	R	E	M	I	N	A	T	T	S	P	L
C	R	E	O	M	N	U	T	H	E	L	I	T
K	W	N	E	B	G	H	L	N	O	N	P	W
A	R	S	R	E	W	O	L	F	I	M	A	N
E	T	T	R	U	M	E	A	T	I	R	O	V
R	H	E	L	O	B	E	F	L	D	O	P	T
B	D	E	S	N	W	O	L	B	T	E	R	S

BAGS	MILL	VANE
BLOWN	PIPE	WARD
BORNE	PROOF	
BREAK	SHIELD	
BURN	SLEEVE	
CHILL	SOCK	
CHIMES	SPRINT	
FALL	STORM	
FLOWERS	SWEPT	
GAUGE	TUNNEL	

ALL ABOARD!

```
B  S  L  O  R  S  R  R  F  K  E  C  E
O  A  I  O  A  O  I  S  F  I  I  M  L
T  R  F  G  P  R  O  T  O  M  S  L  D
E  A  E  E  H  R  S  E  S  E  R  H  D
P  K  J  R  O  T  C  R  U  I  S  E  A
W  S  A  H  O  U  S  N  R  S  O  O  P
E  A  C  L  R  H  O  R  T  E  L  I  W
A  N  K  R  D  E  S  C  N  L  T  O  E
A  C  E  E  R  O  N  A  S  P  B  A  E
S  N  T  E  P  T  C  D  I  P  R  D  W
T  E  V  L  A  R  E  K  O  I  I  O  P
O  I  A  O  S  C  E  N  E  R  Y  N  W
R  R  B  T  A  E  D  W  E  O  N  A  C
```

ANCHOR	MOTOR	SEAT
BOAT	OARS	SHORE
BOW	PADDLE	SIGHTS
CANOE	POND	STERN
CRUISE	RIDE	WAKE
CURRENT	RIPPLES	WATER
DOCK	RIVER	
FISH	ROPE	
LAKE	ROW	
LIFEJACKET	SCENERY	

A QUESTION OF SPORT

D	W	O	C	C	R	O	S	E	L	A	P	D	O	T
R	E	Y	N	O	N	L	A	W	M	I	S	L	N	L
O	V	E	I	L	E	L	L	O	E	N	N	O	A	R
N	O	L	A	G	K	R	Y	R	R	T	E	N	R	A
N	O	G	N	O	D	O	A	D	A	K	E	A	C	H
E	G	P	E	T	Y	G	T	E	L	M	R	J	K	C
E	K	R	R	E	O	E	R	N	J	I	L	C	N	A
R	B	A	M	A	L	L	I	N	E	S	O	B	R	I
T	E	U	S	Y	V	E	S	L	L	T	E	R	E	T
O	K	E	T	I	I	L	L	I	E	E	D	D	E	X
M	N	E	D	T	M	C	V	A	G	Y	M	M	H	C
M	I	G	E	R	U	S	E	E	R	T	J	I	R	S
Y	V	A	N	F	S	W	C	O	M	R	E	S	I	S
D	E	K	Y	T	J	E	N	E	B	E	V	I	N	O
O	C	H	E	R	O	H	N	S	T	I	R	L	G	M

Starting at the letter (C) move up, down, left or right to find the sports people from the past below. The last item (not listed) is a sport.

Sport: _____

ARNOLD PALMER	JACK CHARLTON	SUE BARKER
BRIAN CLOSE	JIM LAKER	TED DEXTER
CHRIS EVERT	JIMMY GREAVES	TOMMY DOCHERTY
CLIVE LLOYD	JOHN NEWCOMBE	
COLIN COWDREY	KEN ROSEWALL	
DENNIS LILLEE	KEVIN KEEGAN	
EVONNE GOOLAGONG	PETER MAY	
FRED TITMUS	ROGER TAYLOR	
	STIRLING MOSS	

KEEP IN TOUCH

```
L  A  P  N  E  P  Z  E  S  R  E  V  N  O  C
F  A  M  I  L  Y  U  I  T  P  I  S  S  O  G
E  A  D  T  E  L  E  P  H  O  N  E  J  E  N
T  E  T  A  D  A  M  A  R  G  E  L  E  T  I
I  Y  E  T  O  N  I  S  H  S  N  A  M  E  R
R  R  D  L  B  R  E  L  R  W  G  S  G  K  E
W  E  N  I  M  N  B  L  E  E  L  A  E  D  P
F  V  E  A  D  K  L  A  T  N  S  U  D  D  O
S  I  I  M  T  A  H  C  T  S  G  R  A  R  L
S  L  R  E  I  O  C  M  E  O  Q  V  P  A  E
E  E  F  N  M  W  X  M  L  I  N  E  S  C  V
R  D  K  E  D  N  N  A  M  T  S  O  P  T  N
D  S  S  U  C  S  I  D  F  K  A  E  P  S  E
D  N  G  I  S  D  N  O  P  S  E  R  R  O  C
A  P  B  T  C  A  T  N  O  C  O  X  C  P  Y
```

ABROAD	FAMILY	PAD
ADDRESS	FAX	PEN-PAL
AIR MAIL	FRIEND	POSTCARD
CALL	GOSSIP	POSTMAN
CHAT	HOME	RING
CONTACT	INK	SEND
CONVERSE	LETTER	SIGN
CORRESPOND	LINES	SPEAK
DATE	MAIL	TALK
DELIVERY	MESSAGE	TELEGRAM
DIALOGUE	NAME	TELEPHONE
DISCUSS	NEWS	WRITE
ENVELOPE	NOTE	

GETTING CHILLY

A	K	A	E	T	S	G	N	I	S	I	A	R	B	I
S	Z	C	S	G	W	F	M	Y	K	B	S	V	C	T
K	R	Z	X	A	A	E	E	C	E	A	M	E	W	T
S	C	E	I	G	E	T	T	N	U	K	C	A	U	Q
R	T	U	G	P	L	P	E	S	G	R	R	O	L	S
E	P	O	D	N	O	H	A	A	E	A	R	U	Q	E
G	T	E	C	R	I	G	A	A	U	T	S	Y	T	K
R	V	C	K	O	E	F	M	D	F	S	R	A	P	A
U	N	N	U	S	D	C	H	R	D	T	C	R	L	C
B	E	I	P	T	A	E	M	S	S	O	A	O	R	M
F	K	M	Y	L	L	O	L	A	I	W	C	A	N	A
E	C	S	T	U	O	R	P	S	N	F	B	K	A	E
E	I	R	I	C	E	L	O	S	N	O	M	E	L	R
B	H	Y	N	R	O	C	T	E	E	W	S	V	F	C
S	C	V	I	N	O	L	L	E	N	N	A	C	C	Y

The words in the following grid are all foods which can be frozen.

BEEF BURGERS
BRAISING STEAK
CANNELLONI
CHICKEN
COD
CRAB
CREAM CAKES
CURRY
DUCK
FAGGOT
FISH FINGERS
FLAN
GATEAU
HADDOCK
ICE CREAM
LAMB
LASAGNE
LEMON SOLE
LOLLY
MEAT PIE
MINCE
PASTRY
PEAS
PIZZA
PORK
PRAWNS
RICE
SAUSAGES
SCONE
SPROUTS
STEW
SWEETCORN
TROUT
TURKEY

IN WATER

A	O	A	K	R	A	H	S	H	E	J	G	S	C	C
B	C	W	N	A	R	F	I	S	H	L	Q	J	U	E
A	T	V	W	H	E	L	L	J	G	U	V	N	T	A
L	O	H	A	O	G	R	A	L	I	M	P	E	T	E
O	P	I	R	R	N	E	W	D	U	G	M	L	L	S
N	I	H	P	L	O	D	R	O	A	S	I	K	E	I
E	F	I	S	E	P	E	E	N	A	E	R	O	J	O
S	D	O	L	F	S	V	G	A	N	E	H	C	M	P
E	U	U	S	I	K	R	N	R	O	Y	S	T	E	R
E	G	R	G	N	J	K	O	W	I	V	S	O	L	O
H	O	C	L	N	S	L	C	H	L	W	U	P	K	P
O	N	H	I	A	T	E	H	A	A	E	N	U	C	G
R	G	I	M	U	W	H	A	L	E	E	E	S	O	N
S	A	N	N	A	R	W	W	L	S	E	S	D	C	O
C	R	A	B	A	B	B	M	A	L	C	L	A	A	M

ABALONE	NARWHAL	SQUID
CLAM	OCTOPUS	TUNA
COCKLE	OYSTER	URCHIN
CONGER	PORPOISE	WALRUS
CRAB	PRAWN	WHALE
CUTTLE	SEA-HORSE	WHELK
DOLPHIN	SEA-LION	
DUGONG	SEAL	
EEL	SHARK	
FISH	SHRIMP	
LIMPET	SPONGE	

WHAT'S HOT

L	G	G	H	E	G	N	E	N	A	R	O	Y
G	Y	E	Y	L	R	E	M	M	I	S	C	E
W	N	B	L	I	S	T	E	R	I	N	G	S
Y	B	I	S	Z	Y	M	W	R	E	N	C	E
R	U	B	T	B	Z	A	O	T	E	A	O	B
E	R	A	T	S	R	I	L	K	L	Y	F	T
P	N	L	N	M	A	O	S	D	E	N	G	T
P	I	M	Y	E	M	O	I	N	O	N	N	O
E	N	Y	L	T	S	N	R	L	I	U	S	H
P	G	A	L	I	G	H	T	Z	I	S	S	D
G	N	I	R	A	E	S	A	P	G	N	U	E
N	N	S	E	Z	A	L	B	A	P	A	G	R
Y	R	E	I	F	B	Y	R	T	L	U	S	O

ABLAZE	ROASTING
ALIGHT	SCALDING
BALMY	SEARING
BLAZING	SIMMER
BLISTERING	SIZZLE
BROILING	SMOKE
BURNING	SULTRY
FIERY	SUNNY
MOLTEN	WARM
PEPPERY	
RED HOT	

BLOOMERS

R	B	P	I	L	U	T	D	R	A	E	L	A	Z	A
E	U	P	S	N	O	I	T	A	N	R	A	C	Q	A
H	T	A	I	S	H	C	U	F	I	K	S	U	M	I
T	T	D	L	O	G	I	R	A	M	S	C	U	F	N
A	E	F	T	E	S	A	P	A	N	S	Y	I	R	U
E	R	E	E	U	U	A	L	G	H	H	G	T	E	T
H	C	V	L	N	C	K	L	F	J	T	E	I	K	E
L	U	O	O	I	O	B	E	L	M	N	R	A	O	P
I	P	L	I	P	R	M	B	A	A	I	A	I	P	A
D	C	G	V	U	C	R	E	N	S	C	N	N	R	I
O	L	X	M	L	O	Y	U	N	L	A	I	E	E	S
F	I	O	D	O	L	A	L	A	A	Y	U	D	V	E
F	L	F	M	I	N	M	B	C	B	H	M	R	O	E
A	A	I	L	H	A	D	A	L	O	I	V	A	L	R
D	C	O	V	Y	A	I	N	O	G	E	B	G	C	F

ANEMONE
AZALEA
BALSAM
BEGONIA
BLUEBELL
BROOM
BUTTERCUP
CANNA
CARNATION
CLOVER
CROCUS
DAFFODIL

DAHLIA
DAISY
FLAG
FOXGLOVE
FREESIA
FUCHSIA
GARDENIA
GERANIUM
HEATHER
HYACINTH
IRIS
LILAC

LILY
LUPIN
MARIGOLD
MAY
MUSK
PANSY
PETUNIA
POKER
TULIP
VIOLA
VIOLET

TUBE LINE _____

U	M	T	V	I	C	R	E	N	R	O	R	A	D	Y
N	E	N	R	O	T	H	T	E	A	C	K	P	E	H
O	M	T	I	A	C	A	S	H	D	H	L	S	L	L
R	E	E	N	A	H	M	P	E	A	T	O	T	I	H
T	S	D	C	E	C	H	G	C	L	I	O	R	E	R
T	E	N	E	N	A	A	N	R	S	V	P	E	W	O
A	B	O	R	Y	L	R	I	O	S	E	R	E	T	T
G	O	C	I	W	T	A	N	I	E	R	A	U	S	U
R	T	S	S	E	G	G	T	N	N	S	Q	E	C	
E	T	O	O	K	G	L	H	T	O	O	T	S	U	R
T	A	R	B	D	R	L	I	**S**	A	R	L	Y	C	I
S	G	F	O	R	E	A	T	L	U	E	L	I	D	A
A	E	M	A	T	R	O	P	O	Q	B	P	I	C	C
C	L	E	T	S	T	L	A	A	S	L	S	R	A	I
N	A	E	R	T	S	D	N	N	E	A	C	K	F	R

Starting at the letter (S) move up, down, left or right to find the London underground stations listed below. (Not listed) at the end of the trail is an area in London.

Area in London: _____

BLACKFRIARS	LIVERPOOL STREET
BOND STREET	MONUMENT
CHANCERY LANE	NOTTING HILL GATE
CHARING CROSS	PICCADILLY CIRCUS
EUSTON SQUARE	SLOANE SQUARE
GREAT PORTLAND STREET	STAMFORD BROOK
	SWISS COTTAGE
HYDE PARK CORNER	TOWER HILL
LANCASTER GATE	VICTORIA

CATCH A THIEF

```
E V B E Y T R E P O R P O V P
G A O F M R G T H T S E R R A
A L L U N O O T K C O L D A P
R U T D I I H O E C N E F F O
A A K E K E A P D C R K R I Q
G B C H A S U H S O T C I J N
R L O S E O U L C N F E E K W
U E L P R E N O D T E H N O R
O S L G B V L C I A H C D H T
B E E T H R O K E C T N S C R
H R M A C E C E C T I E L T O
G U I L T S K D I W E P M A P
I C R K A B E A L A E T S W E
E E C B C O D H O U S E C U R
N S Y T E F A S P E N O H P S
```

ARREST
BOLT
BREAK IN
CATCH
CHAIN
CHECK
CONTACT
CRIME
DOOR
FRIENDS
GARAGE
GROUP
HELP

HOME
HOUSE
LOCK
LOCKED
NEIGHBOUR
OBSERVE
OFFENCE
PADLOCK
PHONE
POLICE
PROPERTY
REPORT
SAFETY

SECURE
SEE
SHED
STEAL
SUSPICIOUS
TALK
THEFT
UNLOCKED
VALUABLES
WATCH
WINDOW

FRUIT AND NUT CASE

T	C	A	G	E	N	I	R	E	G	N	A	T
M	U	O	N	Y	S	L	B	M	U	L	P	U
B	T	N	C	E	C	A	S	H	E	W	P	N
L	S	G	L	O	N	H	H	A	Z	E	L	T
A	S	O	R	A	N	G	E	P	G	D	E	S
C	T	U	N	A	W	U	I	R	L	I	K	E
K	U	A	F	D	P	S	T	I	R	Z	F	H
B	N	H	A	I	T	E	O	C	V	Y	D	C
E	A	T	F	A	L	E	M	O	N	N	P	M
R	E	N	C	B	I	B	W	T	O	A	E	E
R	P	H	C	A	E	P	E	M	J	C	A	L
Y	I	B	R	A	Z	I	L	R	I	E	R	O
O	D	A	C	O	V	A	C	P	T	P	R	N

ALMOND	DATE	PECAN
APPLE	FIG	PISTACHIO
APRICOT	FILBERT	PLUM
AVOCADO	GRAPE	TANGERINE
BANANA	HAZEL	WALNUT
BLACKBERRY	LEMON	
BRAZIL	MELON	
CASHEW	ORANGE	
CHERRY	PEACH	
CHESTNUT	PEANUTS	
COCONUT	PEAR	

HAPPY LANDINGS

E	T	U	O	R	A	G	N	A	H	T	E	J
N	L	W	K	V	K	C	I	T	S	A	W	P
I	C	E	X	Q	E	V	Y	L	S	I	D	I
G	A	A	V	H	C	R	O	J	E	L	X	L
N	B	T	R	A	W	R	S	X	D	Z	M	O
E	I	H	P	G	T	W	F	E	R	J	Y	T
G	N	E	Q	N	O	I	H	X	A	A	W	F
A	H	R	O	F	J	N	O	E	W	S	I	A
L	V	C	P	D	X	D	L	N	E	Z	N	R
E	K	X	L	W	P	E	U	V	T	L	G	C
S	K	E	A	X	U	R	J	M	S	Q	S	R
U	I	M	N	F	L	I	G	H	T	X	K	I
F	F	O	E	K	A	T	R	O	P	R	I	A

AIRCRAFT	HANGAR	WEATHER
AIRPORT	JET	WHEELS
CABIN	OVERSEAS	WIND
CARGO	PILOT	WINGS
CONTROLS	PLANE	
ELEVATION	ROUTE	
ENGINE	RUNWAY	
FIELD	STEWARDESS	
FLIGHT	STICK	
FUEL	TAIL	
FUSELAGE	TAKE-OFF	

SOCCER SCENE

G	C	N	N	E	E	R	C	S	M	B	T	P
H	N	S	L	J	K	F	H	A	R	E	T	L
B	F	I	F	F	O	P	J	C	R	S	B	N
D	R	A	W	R	O	F	G	O	I	D	V	D
B	E	D	L	R	K	J	C	E	N	T	T	R
E	S	N	L	P	T	S	T	R	S	R	F	I
G	D	F	I	E	B	B	E	K	T	I	B	B
R	U	L	E	L	S	D	A	J	E	B	B	B
A	C	B	P	L	W	P	M	L	P	S	C	L
H	L	D	N	E	F	E	D	S	L	O	P	E
C	J	A	P	P	H	T	L	A	C	J	R	C
F	K	E	C	B	B	S	O	V	Q	V	B	D
P	P	L	L	E	A	G	U	E	R	D	B	F

BALL	LEAD
CARD	LEAGUE
CHARGE	LINE
CLIP	RULE
DEFEND	SAVE
DRIBBLE	SCORE
DROP	SCREEN
FIELD	TEAM
FORWARD	WING
GOAL	
INSTEP	

RIVER DEEP...

Z	E	L	A	Z	N	O	G	O	D	A	V	E	N	N
R	M	R	E	K	A	R	O	F	C	I	S	I	S	O
K	H	A	T	E	H	S	E	G	N	A	G	N	C	Z
I	B	O	T	I	E	N	Y	T	E	E	E	O	L	A
L	E	E	N	T	B	W	S	V	R	L	N	D	T	M
I	A	E	N	E	E	E	E	I	B	I	A	W	E	A
M	N	T	S	N	V	R	R	E	R	R	S	O	P	A
A	R	R	R	E	E	O	H	O	N	G	U	N	E	J
N	U	E	R	S	I	V	L	O	E	N	I	S	T	A
J	P	N	T	E	E	N	I	G	R	X	R	T	A	P
A	A	T	L	Y	O	T	E	S	A	N	E	E	C	U
R	N	I	W	V	A	R	U	N	O	U	S	E	O	R
O	N	F	A	O	L	R	A	G	U	S	L	D	P	E
A	A	M	I	S	S	I	S	S	I	P	P	I	O	Y
C	N	A	L	B	T	N	O	M	S	E	E	T	P	S

The words in the grid are either rivers or mountains.
Rearrange the unused letters to spell another river or mountain.
River or mountain: _____

AMAZON	KILIMANJARO	SEINE
ANNAPURNA	MATTERHORN	SEVERN
ARNO	MISSISSIPPI	SNOWDON
ARUN	MONT BLANC	SUGAR LOAF
AVON	NEVADO	SUIR
BEN NEVIS	GONZALEZ	TEES
DEE	NIGER	TIBER
ELBE	NILE	TIGRIS
EVEREST	ORINOCO	TRENT
EXE	OUSE	TYNE
FORAKER	POPOCATEPETL	VOLGA
GANGES	RHINE	WYE
ISIS	RHONE	YERUPAJA

ELEMENTAL

```
M  M  N  O  B  R  A  C  Y  R  U  C  R  E  M
C  U  K  A  I  L  N  I  O  B  I  U  M  O  N
O  I  I  R  N  O  C  I  L  I  S  U  U  X  O
P  D  O  R  J  M  U  I  H  T  I  L  I  Y  E
P  N  A  R  A  D  I  U  M  N  C  M  M  G  N
E  I  C  N  M  B  B  X  I  E  U  M  D  E  M
R  O  C  E  I  I  N  T  S  I  X  U  A  N  U
C  E  W  N  M  T  C  I  M  E  U  I  C  O  I
I  N  M  I  U  A  U  S  N  V  S  L  P  T  S
N  I  U  R  I  M  O  O  H  T  I  E  Q  P  E
E  R  I  O  D  I  N  E  N  D  L  H  D  Y  N
S  O  L  U  O  N  O  R  O  B  V  A  R  R  G
R  L  L  L  S  D  L  O  G  E  E  S  B  K  A
A  H  A  F  N  O  D  A  R  L  R  G  T  O  M
F  C  G  M  U  I  C  L  A  C  C  N  I  Z  C
```

Find the elements in the grid.

ACTINIUM	FLUORINE	NEON
ARGON	GALLIUM	NIOBIUM
ARSENIC	GOLD	OSMIUM
BARIUM	HELIUM	OXYGEN
BORON	INDIUM	RADIUM
CADMIUM	IODINE	RADON
CALCIUM	IRON	SILICON
CARBON	KRYPTON	SILVER
CESIUM	LEAD	SODIUM
CHLORINE	LITHIUM	TIN
COBALT	MAGNESIUM	XENON
COPPER	MERCURY	ZINC

WHAT A CARRY ON

P	E	D	R	N	R	E	G	A	R	D	L	E	S	S
S	K	L	U	E	C	L	R	C	H	O	U	Y	E	T
R	C	R	B	A	B	O	O	C	A	P	E	R	H	E
D	S	R	B	A	T	Y	O	V	T	M	G	L	C	S
E	D	B	E	C	T	L	H	H	I	E	E	N	C	T
B	Y	N	O	A	U	S	E	K	A	N	E	L	S	A
G	E	D	A	M	M	J	N	N	E	I	G	M	A	H
N	C	H	B	L	U	I	T	O	N	H	A	G	T	T
I	Y	U	I	N	G	R	N	E	C	T	T	D	Y	W
P	S	R	G	N	E	N	V	G	R	D	I	P	O	O
M	B	L	N	H	D	N	E	O	A	C	V	Q	U	L
A	E	H	C	E	O	Y	N	E	K	C	A	J	R	L
C	W	A	S	C	H	T	H	D	A	O	R	B	A	O
M	E	E	L	L	E	U	N	N	A	M	M	E	G	F
T	W	E	R	U	O	Y	E	S	O	L	T	N	O	D

The words in the following grid are all Carry On films.

ABROAD
AT YOUR/
  CONVENIENCE
BEHIND
CABBY
CAMPING
CLEO
COLUMBUS
CONSTABLE
DICK

DOCTOR
DON'T LOSE
  YOUR/HEAD
EMMANNUELLE
ENGLAND
FOLLOW
  THAT/CAMEL
HENRY
JACK
LOVING
MATRON

NURSE
REGARDLESS
SCREAMING
SERGEANT
TEACHER
UP THE JUNGLE
UP THE KHYBER

TAKE YOUR PICK

T	H	G	W	L	E	S	R	O	H	P	A	R
G	W	L	D	E	T	A	M	R	T	P	H	O
R	G	J	T	W	T	H	E	L	P	I	N	G
E	R	I	J	I	M	N	A	L	Y	R	M	O
N	S	N	U	S	N	A	E	B	R	E	G	E
N	R	G	I	V	C	S	E	O	O	N	J	T
I	E	W	R	A	N	R	W	N	G	T	H	W
W	W	L	R	J	R	X	E	E	E	R	J	A
T	O	D	L	I	O	B	R	S	T	A	J	T
W	L	M	E	L	C	H	R	A	A	P	T	U
L	F	S	T	N	O	T	T	O	C	L	E	H
G	R	U	O	L	O	C	W	E	C	A	L	P
D	T	W	L	J	T	E	K	C	O	P	E	Y

APPLES	GUITAR
BEANS	HORSE
BERRIES	LOCK
BONES	PARTNER
BRAIN	PLACE
CARD	POCKET
CATEGORY	SITE
COLOUR	TIME
CORN	WINNER
COTTON	
FLOWERS	

SMILE PLEASE

D	R	E	L	K	C	U	H	C	L	M	N	W
D	E	T	R	B	H	W	L	T	R	E	H	S
E	D	S	E	C	A	C	K	L	E	T	R	C
W	L	A	L	F	R	E	M	O	R	T	R	I
D	M	G	F	U	S	H	R	I	E	K	T	R
H	L	U	G	R	V	A	M	R	R	E	T	E
L	G	H	R	I	R	N	E	E	H	E	E	T
D	T	U	R	O	G	E	O	L	T	H	I	S
H	M	R	A	N	I	T	K	C	A	T	K	Y
N	I	R	G	L	W	O	H	C	T	R	A	H
D	T	E	M	L	L	O	T	E	I	T	H	S
M	N	E	L	L	O	H	R	M	O	N	T	A
D	T	J	E	L	I	M	S	J	J	R	S	O

BEAM   LAUGH
CACKLE   MIRTH
CHUCKLE   ROAR
CONVULSE   SHRIEK
GIGGLE   SMILE
GRIN   SMIRK
GUFFAW   SNICKER
HOOT   TEE HEE
HOWL   TITTER
HYSTERICS
JEER

SHOPPING TRIP

S	T	I	U	C	S	I	B	G	S	T	O	O	B	A
N	R	G	L	B	B	A	S	I	N	S	B	L	U	B
A	M	A	R	W	R	L	B	I	K	I	N	I	O	E
E	B	A	L	A	O	I	U	Q	F	E	D	V	H	R
B	I	L	Q	U	O	B	T	E	S	E	R	D	Y	E
D	R	I	E	J	C	Z	T	U	B	I	E	R	E	T
E	G	A	B	A	H	O	O	S	L	R	E	B	R	B
K	T	B	N	N	C	L	N	V	F	T	A	E	T	I
A	E	R	K	F	B	H	S	I	T	E	T	C	R	R
B	K	E	B	S	L	X	B	A	B	E	I	E	E	D
B	S	A	N	A	N	A	B	U	M	S	T	R	T	S
R	A	D	O	R	L	C	K	O	C	T	K	L	B	E
O	B	W	C	U	O	L	R	E	U	K	E	O	N	E
O	D	G	A	B	N	A	E	B	S	B	E	Y	O	D
M	B	P	B	E	B	E	E	T	R	O	O	T	F	B

I spy something beginning with 'B'.

BACON	BEETROOT	BOWL
BAG	BELT	BRACES
BAKED BEANS	BERET	BRAID
BALL	BIKINI	BRAN FLAKES
BANANAS	BINOCULARS	BREAD
BAROMETER	BIRDSEED	BRIEFS
BASIN	BISCUITS	BROOCH
BASKET	BLEACH	BROOM
BATTERY	BLOUSE	BUCKET
BEANBAG	BOOKS	BULBS
BEDDING	BOOTS	BUTTER
BEEF	BOVRIL	BUTTONS

WATER WAYS

```
R O L O O F E B T U O P S K S
E E Y C A L B W D L M E X U N
T G T L B K H P O L H Q P J R
E S L A I E S P S B W P T I L
M S T V E L E C M D L O Q T P
C E H L X H F T O Y G E F Z M
L R P I G R O M L U N A V W O
O C R E E H E L L E R J T E O
S T O W G L S L E C K S K E L
E O O T O U D M T T N C E D B
T P F N O P A V Q T W K O R L
X S K O Z W A G N N A E B L M
C B I R D N E D P N N B I Q C
A E L F A R H R S I J M A I N
J N K P P M U J L O O C L Q M
```

BATTLE	FLEA	MAIN	SHIELD
BEETLE	FOWL	MARK	SNAKE
BIRD	FRONT	MELON	SPOT
BLOOM	GATE	METER	SPOUT
CLOCK	GAUGE	MILL	SUPPLY
CLOSET	HEATER	NYMPH	TABLE
COOL	HOLE	OAKS	TOWER
COURSE	JUMP	PIPE	WEED
CRAFT	LEVEL	POLO	WHEEL
CRESS	LILY	POWER	
FALLS	LINE	PROOF	

SPEAK UP!

D	R	E	T	T	U	M	R	E	P	S	I	H	W	B
A	E	X	R	I	E	S	U	R	L	R	E	T	T	U
H	C	S	E	V	G	L	O	M	E	J	T	E	P	H
E	I	R	S	Z	O	N	L	T	B	V	A	U	E	C
L	T	P	S	E	O	I	A	K	T	L	L	G	Q	A
T	E	X	A	U	R	R	C	O	N	V	E	R	S	E
T	I	C	N	Q	R	D	Y	E	E	X	R	A	T	R
A	H	C	T	A	J	E	D	C	M	F	E	A	D	P
R	E	C	N	U	O	N	N	A	M	T	L	R	R	L
P	K	T	H	R	R	R	I	I	O	U	A	A	E	M
N	S	L	A	A	E	E	A	A	C	W	I	U	T	L
A	P	T	A	M	T	L	V	I	L	S	C	K	O	R
G	E	W	A	T	C	T	T	N	E	P	M	T	R	D
S	A	R	E	X	P	R	E	S	S	W	X	U	T	O
Y	K	O	E	B	A	N	F	R	R	E	P	E	A	T

ADDRESS	EXPRESS	RECITE
ANNOUNCE	EXTOL	RELATE
ARGUE	LECTURE	REMARK
ARTICULATE	MUMBLE	REPEAT
ASSERT	MUTTER	RETORT
CHATTER	NARRATE	SPEAK
COMMENT	ORATE	TALK
CONVERSE	PRAISE	TELL
DRAWL	PRATTLE	UTTER
EXCLAIM	PREACH	VOICE
EXPLAIN	PRONOUNCE	WHISPER

WHAT A GEM

T	E	N	R	A	G	L	O	C	K	E	T	D
E	M	V	Z	E	E	R	G	I	L	I	F	I
L	E	B	E	H	M	L	D	A	C	A	J	A
E	R	W	A	R	S	P	R	N	O	T	P	M
C	A	A	G	L	M	O	T	I	A	R	A	O
A	L	Q	E	R	C	E	Y	B	U	R	X	N
R	D	S	A	P	P	H	I	R	E	S	T	D
B	H	I	X	Y	N	O	H	L	A	P	I	S
R	E	L	E	T	I	S	A	C	R	A	M	D
O	M	V	O	T	U	R	Q	U	O	I	S	E
O	Q	E	V	E	C	A	L	K	C	E	N	K
C	F	R	B	X	N	E	A	R	R	I	N	G
H	G	O	L	D	M	U	N	I	T	A	L	P

BRACELET	LOCKET	STRAND
BROOCH	MARCASITE	TIARA
CORAL	NECKLACE	TURQUOISE
DIAMONDS	ONYX	VERMEIL
EARRING	OPAL	
EMERALD	PEARL	
FILIGREE	PLATINUM	
GARNET	RING	
GEMS	RUBY	
GOLD	SAPPHIRES	
LAPIS	SILVER	

CROSSWISE

O	S	R	E	T	T	E	L	Y	Y	S	A	E
A	Z	O	P	N	L	O	S	H	E	S	Q	U
C	A	H	L	J	I	R	Q	A	M	O	L	D
A	N	C	W	V	I	Z	U	R	E	R	I	O
N	M	R	S	A	E	R	A	D	H	C	S	W
S	L	A	N	G	O	D	R	G	T	A	T	A
W	C	E	R	T	X	O	E	I	A	V	S	C
E	L	S	I	G	W	M	O	S	O	M	O	R
R	U	D	H	S	A	N	G	H	I	L	L	O
S	E	R	S	R	A	I	A	G	U	G	V	S
E	S	O	F	R	E	R	D	M	R	N	N	T
S	R	W	Y	D	O	W	N	O	W	I	T	I
C	L	N	O	I	T	I	N	I	F	E	D	C

ACROSS   EASY   SQUARE
ACROSTIC EDITOR   THEME
ANSWERS   FRAME   WORDSEARCH
CLUES   GRID
COLUMN   HARD
CROSSWORD HUNT
DEFINITION LETTERS
DESIGN   LISTS
DIAGRAM   MAGAZINE
DICTIONARY SLANG
DOWN   SOLVE

MAKE DO

B	M	T	R	A	D	E	C	B	N	S	M	N
A	U	N	B	T	M	L	O	N	W	N	B	B
R	R	D	I	D	N	E	M	A	K	E	D	O
G	G	N	G	M	N	V	P	M	N	T	J	N
A	K	N	B	E	M	G	A	R	D	E	N	N
I	E	E	A	L	T	E	R	N	G	K	M	N
N	V	M	V	J	R	R	E	N	B	R	G	V
R	R	N	B	A	F	V	A	A	N	A	L	P
I	E	F	H	J	S	H	M	N	N	M	M	A
A	S	S	I	D	C	R	E	D	E	E	M	T
P	N	K	M	X	A	F	V	V	B	N	C	C
E	O	M	E	E	P	R	E	P	A	R	E	H
R	C	U	T	C	O	R	N	E	R	S	C	X

ALTER	MAKE DO	TRADE
BARGAIN	MARKET	
BUDGET	MEND	
COMPARE	PATCH	
CONSERVE	PLAN	
CUT CORNERS	PREPARE	
DARN	REDEEM	
EXCHANGE	REPAIR	
FIX	SAVE	
GARDEN	SHARE	
KNIT	SWAP	

ZIGZAG

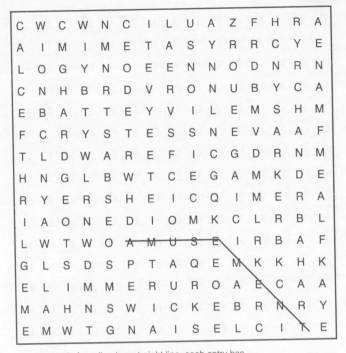

Instead of reading in a straight line, each entry has one bend in it. One word has been marked for you.

AMUSEMENT
ARTICLES
BATTERY
BROWSE
BUNNY
CAMERA
CHANDELIER
CLAIM
COMPONENT
CRANE
CRYSTAL
DECISIONS

ENAMEL
ENGINEERING
FABRIC
FLAKE
GLIMMER
GREATEST
HALLWAY
HARDWARE
HYDRAULIC
IMAGE
KAYAK
LOGIC

MARKER
METAL
MOVES
NEVADA
OVERTIME
SEARCH
SEQUIN
SYNCHRONISE
THRILLING
WHISTLE
WICKER
WINDY

STICK TOGETHER

```
E  V  I  S  E  H  D  A  N  C  H  O  R  N  L
G  L  G  A  N  O  T  T  U  B  C  L  I  P  A
A  U  K  I  E  L  K  K  C  A  T  D  A  S  R
L  C  A  U  N  I  O  N  T  Y  A  T  S  T  I
I  H  L  N  C  Z  O  C  W  R  L  E  L  R  A
C  G  O  A  I  B  H  L  B  E  L  T  I  I  T
U  N  O  P  M  P  C  U  A  S  L  S  N  N  L
M  L  P  A  G  P  E  G  N  W  N  D  E  G  O
O  E  H  C  T  I  T  S  D  A  R  M  U  G  B
R  I  V  E  T  D  S  W  P  H  E  A  R  G  I
T  T  W  W  A  E  A  E  M  C  O  I  P  K  N
A  C  I  E  L  X  P  A  K  S  C  B  O  N  D
R  N  R  L  I  A  N  O  L  O  C  K  B  I  E
E  H  E  S  T  R  A  P  R  E  Y  E  P  L  R
T  E  T  H  E  R  E  D  L  O  S  P  I  K  E
```

ADHESIVE	GLUE	PASTE	TETHER
ANCHOR	GUM	PEG	THREAD
BAND	HAWSER	PIN	TIE
BELT	HOBBLE	RIVET	TWINE
BINDER	HOOK	ROPE	UNION
BOLT	LARIAT	SNAP	WAX
BOND	LATCH	SOLDER	WELD
BUTTON	LINE	SPIKE	WIRE
CATCH	LINK	STAY	WRAP
CEMENT	LOCK	STITCH	YOKE
CHAIN	LOOP	STRAP	ZIPPER
CLAMP	LUG	STRING	
CLIP	MORTAR	TACK	
CORD	NAIL	TAPE	

BE KIND

L	U	F	T	H	G	U	O	H	T	C	K	D
G	E	G	E	N	T	L	E	I	D	L	I	M
N	R	F	T	N	E	I	N	E	L	C	N	C
I	A	A	L	V	Y	L	D	N	I	K	F	H
V	C	O	C	T	C	J	O	T	U	R	R	A
O	W	E	E	I	G	O	E	V	I	A	E	R
L	B	E	N	I	O	H	R	E	E	R	D	I
B	W	L	V	A	T	U	N	D	H	N	N	T
S	E	I	I	A	M	D	S	B	I	F	E	A
M	N	N	P	G	L	U	F	T	C	A	T	B
G	L	M	I	Y	I	Q	H	E	X	I	L	L
Y	Y	G	P	G	E	N	I	A	L	R	T	E
S	U	O	R	E	N	E	G	S	D	O	O	G

BENEVOLENT	GOOD	TENDER
BENIGN	GRACIOUS	THOUGHTFUL
CARE	HUMANE	
CHARITABLE	KINDLY	
CORDIAL	LENIENT	
FAIR	LOVING	
FRIENDLY	MILD	
GENEROUS	OBLIGING	
GENIAL	SWEET	
GENTLE	SYMPATHETIC	
GIVING	TACTFUL	

OH NO!

```
L  A  M  R  O  N  E  N  I  A  C  O  V  O  N
N  O  C  T  U  R  N  E  E  C  I  V  O  N  O
N  V  N  O  O  N  G  N  I  H  T  O  N  C  V
N  O  V  F  H  N  O  I  T  A  T  O  N  H  A
I  O  O  I  N  O  T  C  H  N  T  K  T  J  C
C  N  T  K  L  V  E  L  C  O  L  R  M  N  U
O  O  Y  A  N  L  A  T  R  W  O  K  O  J  L
I  Z  L  F  R  N  E  I  A  N  N  V  H  R  I
B  Z  R  A  O  I  E  R  Y  I  E  O  A  Z  T
O  L  N  I  N  T  S  T  O  N  T  L  T  Y  E
V  E  T  O  Y  I  L  E  A  N  U  I  V  E  U
O  O  L  F  U  E  M  S  H  D  J  K  V  Y  W
N  C  M  S  V  N  V  O  O  T  E  L  B  O  N
E  S  I  O  N  J  K  N  N  E  C  I  T  O  N
N  L  N  O  T  A  B  I  L  I  T  Y  F  B  Y
```

NOBLE	NOTARISE	NOVENA
NOCTURNE	NOTATION	NOVICE
NODULAR	NOTCH	NOVITIATE
NOISE	NOTE	NOVOBIOCIN
NOMINAL	NOTHING	NOVOCAINE
NOOK	NOTICE	NOW
NOON	NOTIONAL	NOZZLE
NORMAL	NOTORIETY	
NORTH	NOUN	
NOSE	NOVACULITE	
NOTABILITY	NOVELTY	

OUT OF AFRICA

L	A	C	I	P	O	R	T	E	L	I	N	S
E	I	X	H	B	Y	P	H	O	T	O	S	A
M	A	O	V	A	O	G	Z	U	P	G	J	H
A	D	G	N	K	R	R	M	P	G	I	U	A
C	V	N	Y	C	Q	T	I	Y	J	R	N	R
T	E	I	K	A	U	H	E	A	X	A	G	A
N	N	M	E	P	F	R	Z	B	N	F	L	H
A	T	A	N	E	O	H	U	A	E	F	E	C
H	U	L	Y	T	Z	E	B	R	A	E	G	I
P	R	F	A	O	N	H	U	Z	H	Q	S	R
E	E	U	S	W	A	H	I	L	I	I	J	T
L	Q	K	U	N	V	B	A	N	T	U	N	S
E	L	I	D	O	C	O	R	C	O	N	G	O

ADVENTURE	HARTEBEEST	SAHARA
BANANA	HIPPO	SWAHILI
BANTU	JUNGLE	TROPICAL
CAMEL	KENYA	ZEBRA
CAPE TOWN	LION	
CONGO	NAIROBI	
CROCODILE	NILE	
ELEPHANT	OSTRICH	
EQUATOR	PHOTOS	
FLAMINGO	PYGMY	
GIRAFFE	RHINO	

FRESHEN UP

```
L  T  N  A  R  O  D  O  E  D  A  T  E  W  M
L  B  M  O  C  H  Z  E  H  A  F  O  O  L  B
E  P  P  Y  G  I  S  G  M  J  D  M  A  U  E
N  A  K  E  S  P  R  A  Y  N  E  B  R  C  S
N  O  L  V  R  D  O  S  W  F  H  B  H  E  N
A  S  E  A  O  F  G  S  S  H  S  R  S  G  I
L  R  P  H  Z  K  U  A  C  O  E  E  U  N  R
F  E  C  S  A  N  L  M  L  L  R  T  R  O  E
A  W  R  R  R  I  P  Q  E  G  F  A  B  P  N
R  O  E  E  E  S  R  W  A  B  E  W  H  S  G
O  H  H  T  D  A  O  C  N  V  R  S  T  B  O
R  S  T  F  A  T  M  S  P  A  T  U  O  T  L
R  D  A  A  L  H  S  A  L  P  S  D  O  L  O
I  X  L  E  B  E  V  A  H  S  Y  W  T  T  C
M  O  O  P  M  A  H  S  F  N  O  I  T  O  L
```

AFTERSHAVE	HAIR	SHOWER
BALM	LATHER	SINK
BATH	LOOFAH	SOAP
BLADE	LOTION	SPLASH
BODY	MASSAGE	SPONGE
CLEAN	MIRROR	SPRAY
CLOSE	PERFUME	TAPS
COLOGNE	PLUG	TOOTHBRUSH
COMB	RAZOR	TOWEL
CREAM	REFRESHED	WASH
DEODORANT	RINSE	WATER
FLANNEL	RUB	WET
FOAM	SHAMPOO	
GEL	SHAVE	

SHOE SHINE

C	T	F	L	E	C	T	A	P	S	H	O	E	F	L
D	O	N	O	L	O	T	R	M	P	M	U	L	E	P
P	O	U	O	O	T	H	O	A	H	W	I	L	L	E
I	B	G	R	L	T	C	S	R	I	P	A	A	R	U
R	N	P	O	T	C	B	E	T	P	N	T	D	E	G
U	O	P	O	A	S	P	A	E	E	F	E	E	E	O
N	T	L	S	L	P	H	R	L	O	L	T	R	K	R
N	G	I	L	I	F	S	O	R	L	A	L	C	C	B
I	N	M	L	O	I	P	M	E	K	B	O	A	O	T
N	I	S	P	K	A	S	I	S	S	S	O	O	B	O
G	L	O	S	U	H	F	E	L	D	R	T	O	L	B
S	L	L	R	O	M	C	E	E	F	E	K	S	T	A
H	E	L	E	R	I	P	B	R	E	K	A	E	N	S
O	W	R	E	K	C	I	P	E	L	K	N	I	W	T
E	S	N	O	W	S	H	O	E	L	A	D	N	A	S

The words in the following grid are all worn on the feet.

BALLET SHOE	MOCCASIN	SNOWSHOE
BEDSOCK	MULE	TAP SHOE
BOOTEE	PLATFORM SHOE	TRAINER
BROGUE	PLIMSOLL	WADER
CLOG	PUMP	WELLINGTON BOOT
COURT SHOE	RUNNING SHOE	WINKLE-PICKER
FLIP-FLOP	SABOT	
FLIPPER	SANDAL	
FOOTBALL BOOT	SKI	
ICE SKATE	SLIPPER	
LOAFER	SNEAKER	

WHAT A PERFOMANCE

```
E  R  T  A  E  H  T  E  M  U  T  S  O  C  D
S  S  Y  D  U  T  S  R  E  D  N  U  O  R  R
E  R  T  A  E  E  T  W  I  N  G  S  A  E  E
E  C  E  A  T  N  C  A  N  L  C  M  M  G  Y
S  A  I  Y  R  O  S  N  T  L  A  R  P  A  O
U  R  L  F  A  S  A  G  E  L  S  E  R  T  F
O  E  A  E  F  L  B  N  R  I  T  H  O  S  D
H  P  S  U  E  O  P  I  V  B  D  S  G  N  N
L  O  R  C  R  S  X  K  A  K  C  U  R  O  A
L  E  A  E  O  H  T  O  L  C  K  C  A  B  H
U  L  E  L  C  O  D  O  B  S  T  F  M  P  E
F  C  H  A  N  W  I  B  P  U  U  J  M  T  G
Y  R  E  N  E  C  S  O  R  L  I  N  E  S  A
H  I  R  I  E  G  R  N  I  A  T  R  U  C  T
V  C  R  F  S  P  O  T  L  I  G  H  T  Q  S
```

ACT	ENCORE	SCENERY
AUDIENCE	FINALE	SHOW
BACKCLOTH	FOYER	SPOTLIGHT
BILL	FULL HOUSE	STAGE-HAND
BOOKING	INTERVAL	STARS
BOX OFFICE	LINES	THEATRE
CAST	ON STAGE	TURN
CIRCLE	OPERA	UNDERSTUDY
COSTUME	PLAYERS	USHER
CUE	PROGRAMME	WINGS
CURTAIN	PROPS	
DRAMA	REHEARSAL	

DONATED

T	N	A	R	G	C	X	E	T	D	D	I	A
O	E	R	A	O	G	E	T	E	M	R	C	H
F	S	T	N	W	N	W	L	E	X	C	H	Y
F	N	F	L	T	A	I	R	T	O	L	L	A
E	E	W	R	J	V	R	S	R	J	T	W	E
R	P	U	L	E	X	E	D	B	R	U	L	T
L	S	T	R	E	T	S	E	U	Q	E	B	A
T	I	E	N	J	L	S	N	W	U	R	S	N
L	D	D	L	R	T	W	H	G	R	S	T	O
M	O	G	H	O	P	R	O	V	I	D	E	D
W	L	T	W	R	D	T	E	S	X	S	M	O
D	E	T	U	B	I	R	T	N	O	C	S	H
D	L	E	I	Y	G	T	R	A	P	M	I	A

ACCORD	DISPENSE
AID	DOLE
ALLOT	DONATE
ASSIGN	ENDOW
ASSIST	ENTRUST
AWARD	GRANT
BEQUEST	IMPART
BESTOW	METE
CONFER	OFFER
CONTRIBUTE	PROVIDE
DELIVER	YIELD

WHAT A LAUGH

S	K	C	D	S	R	W	C	R	E	T	T	J
C	A	K	O	O	N	H	I	L	S	C	I	O
P	M	R	M	M	U	O	G	T	A	N	C	K
U	E	H	C	C	E	G	O	R	E	I	K	E
N	H	L	K	A	I	D	I	T	T	R	L	R
C	I	L	I	G	S	C	Y	S	R	G	E	E
H	E	S	A	M	A	M	E	E	O	A	G	T
L	K	C	I	T	S	P	A	L	S	N	C	H
I	S	S	U	L	I	M	E	R	I	C	K	G
N	U	R	P	U	T	U	C	S	X	S	L	U
E	E	C	L	O	W	N	U	L	N	A	E	A
S	L	L	O	R	D	M	Q	U	I	P	O	L
G	E	K	S	I	A	K	I	X	T	S	E	H

AMUSING	JOKE
CARICATURES	LAUGHTER
CARTOONS	LIMERICK
CHUCKLE	PUNCHLINE
CLOWN	QUIP
COMEDY	SARCASM
CUT UP	SLAPSTICK
DROLL	SMILE
GIGGLE	TEASE
GRIN	TICKLE
HOAX	WIT

POTTER'S TALES

```
C A T S M I C E P F O R E S T
H A P P Y L U V L G L E E O E
A P N A P Y T T A P B L M V P
S Q U I R R E L N U T K I N P
E W E D W J A O N J I N E D O
O S O O D O S N R T V I S C M
T G P O G L I E T E X W U L S
P N L F D E E E L R H Y M E S
I I O O S S N D X K R G A V I
T M T A I L O R U E C G Z E M
Y R S O V B E V G C O I L R J
M A K P W L C N L O K T P A S
M H O Z G N I D D U P L B T D
I C O J J G N I T I C X E X I
T I B B A R R E T E P P L V K
```

Find the words associated with Beatrix Potter.

AMUSE	GOAL	PLAN
BOOKS	GOOD	PLOTS
BUNNIES	HAPPY	PUDDING
CATS	HERO	PUDDLE-DUCK
CHARMING	KIDS	RHYMES
CHASE	MICE	SQUIRREL NUTKIN
CLEVER	MISS MOPPET	TAILOR
CUTE	MR TOD	TIGGY-WINKLE
EXCITING	NICE	TIMMY TIPTOES
FOOD	PATTY-PAN	TOM KITTEN
FOREST	PETER RABBIT	TOWN
GINGER	PETS	WOODS
GLAD	PICKLES	
GLEE	PIES	

ALL THE RAGE

```
C  Y  D  N  E  R  T  C  L  G  F  R  D
P  S  R  M  U  L  N  E  H  A  K  A  F
N  T  F  A  O  J  V  R  S  I  V  W  D
U  Y  I  O  R  O  T  H  E  O  C  E  A
P  L  C  H  N  O  I  S  G  D  V  D  P
T  I  R  E  T  O  P  U  E  O  O  O  P
O  S  O  E  N  I  E  M  R  T  P  M  E
D  H  V  A  C  T  W  P  E  O  A  A  R
A  C  B  G  S  E  M  F  P  T  I  L  S
T  L  R  E  T  I  N  U  R  X  N  A  E
E  I  W  A  A  L  L  T  H  E  G  O  L
B  E  N  H  Z  A  T  R  A  M  S  A  C
N  C  U  R  R  E  N  T  D  Y  E  H  M
```

A LA MODE	LATEST
ALL THE GO	MODERN
CHIC	NEWEST
CONTEMPORARY	NOVEL
COOL	POPULAR
CRAZE	RECENT
CURRENT	SMART
DAPPER	STYLISH
FAD	TRENDY
FASHIONABLE	UP TO DATE
FRESH	VOGUE
IMPROVED	WITH IT

MESSY BUSINESS

```
D  Y  K  C  I  T  S  T  A  I  N  E  D
I  H  P  D  R  K  Y  C  L  E  R  I  R
Y  S  P  O  T  S  T  A  C  K  R  J  I
W  A  P  I  C  M  Y  D  I  T  N  U  P
D  R  I  B  B  L  E  S  Y  E  D  N  P
E  T  I  E  K  L  M  M  Y  U  S  K  I
R  L  S  N  L  T  D  U  N  D  E  R  N
E  E  D  I  K  E  Y  D  T  P  D  S  G
T  M  P  D  R  L  U  G  N  R  P  U  E
T  S  E  E  U  S  E  E  S  I  A  P  M
U  U  V  S  T  P  P  S  L  O  P  P  Y
L  O  N  Y  S  O  E  E  N  L  M  C  A
C  R  O  O  K  E  D  E  I  T  N  U  A
```

APART	OPEN	UNDER
CLUTTERED	PILE	UNTIDY
COVERED	PUDDLE	UNTIED
CROOKED	SLOPPY	WRINKLES
DIRTY	SMUDGES	
DRIBBLES	SPILLED	
DRIPPING	SPOTS	
DUSTY	STACK	
JUNK	STAINED	
MESS	STICKY	
MUDDY	TRASH	

FEATHERED FRIEND

O	N	I	U	G	N	E	P	H	S	L	K	L
L	P	A	U	Q	U	A	L	W	O	C	A	T
L	E	H	C	A	N	G	A	O	O	N	J	N
I	A	O	E	I	O	L	N	C	I	O	A	A
W	M	A	B	A	L	E	A	D	E	R	X	R
R	Y	O	M	O	S	E	R	N	S	N	O	O
O	R	A	W	A	P	A	P	Q	U	E	M	M
O	R	A	J	R	C	O	N	D	O	R	U	R
P	Q	E	N	E	V	A	R	T	R	W	H	O
P	U	U	P	A	U	A	W	D	G	C	O	C
I	A	E	A	I	V	L	O	I	N	R	W	A
H	U	M	M	I	N	G	B	I	R	D	O	R
W	O	R	C	P	L	S	F	A	L	C	O	N

BLUEJAY	MACAW	WHIP-POOR-WILL
CARDINAL	ORIOLE	WREN
CONDOR	PEACOCK	
CORMORANT	PELICAN	
CROW	PENGUIN	
EAGLE	PHEASANT	
FALCON	QUAIL	
FINCH	RAVEN	
GROUSE	ROBIN	
HUMMING BIRD	SNIPE	
LOON	SWALLOW	

WHAT A CARRY ON!

```
Y F G N I P M A C S L G Y O B W O C
N B A R B A R A E R O C T E I B A O
D O B I S P Y I N G U S H N K T L L
H A K A R I M C G E E I D A Y X E U
A T E A C H E R L M N S S O R M J M
P G E H O S P L A D O C U I A L S B
R O A N R U E J N R H R A C N W E U
E E D I N U Y R D K C E T O H G S S
B L G O N E O H G O N A M N A V M D
Y C V A N D K Y N E H M J S W L A S
H Y M D R Z O V E T A I E T T O I M
K M I A E D E C W S M N U A R V L I
E S J U T N L O T D O G T B E I L S
H A Q Y I R L E A O I L A L Y N I N
T W K E R L O L S T R D T E R G W A
P A N C O N E N E S R U N N C Y L O
U C B F A S E F C T R O T C O D I J
E L G N U J E H T P U B K C I D G S
```

Stars and titles of a popular series of films.

ABROAD
AGAIN DOCTOR
AT YOUR CONVENIENCE
BARBARA/ WINDSOR
BEHIND
CABBY
CAMPING
CHARLES/ HAWTREY
CLEO
COLOMBUS
CONSTABLE
COWBOY
CRUISING
DICK
DOCTOR
DON'T LOSE YOUR HEAD
EMMANUELLE
ENGLAND
FOLLOW THAT CAMEL
HENRY
JACK
JIM DALE
JOAN SIMS
KENNETH/ WILLIAMS
LOVING
MATRON
NURSE
REGARDLESS
SCREAMING
SERGEANT
SIDNEY JAMES
SPYING
TEACHER
UP THE JUNGLE
UP THE KHYBER

FRENCH CONNECTION

```
B E F I T O M J S I R B E D P
F E L E G A N T A E T E L I F
C N U I N O G H U K G T V M Q
N I X O T E U E C L U I N U T
O T L J R E C T E B N O E L E
I A R O T I S S E R I E G B L
S M C E P E S D E D E R N I A
N N A S C A U L T E N E I J H
E A O D P N O Q T I S U R O C
P H I M A R O T U C A B F U Q
D I I V E M E C O O J F L E P
E U Q S E L R U B E B O R S R
F R S U U K G T B W T E D A C
A A U O E A R U O T E D D L P
C Q R C R O C H E T U A E B F
```

BEAU	CURE	MOTIF
BEIGE	DEBRIS	NAIVE
BIJOU	DEBUT	NOEL
BLASE	DETOUR	PARFAIT
BOUQUET	ELEGANT	PENSION
BURLESQUE	ELITE	PIQUE
CADET	ENCORE	PUREE
CAFE	FILET	REFUND
CASSEROLE	FLUX	REVUE
CHALET	FRINGE	ROTISSERIE
CONCERT	GOUT	ROULETTE
COUGAR	HOSPICE	SALON
CROCHET	IMPASSE	SAUCE
CUBE	MADAM	
CULOTTE	MATINEE	

WINDY

S	W	D	E	E	N	A	C	I	R	R	U	H	B	E
P	T	L	N	W	C	G	Y	T	K	P	O	R	D	L
H	A	O	O	I	U	Y	Y	H	Z	S	E	E	R	T
G	T	R	R	S	W	P	C	T	S	E	P	M	E	T
T	H	A	T	M	H	L	S	L	Z	R	P	U	K	A
T	N	V	E	O	J	H	R	E	O	N	I	H	T	R
H	T	E	O	R	R	G	B	I	V	N	R	A	Y	F
G	N	N	R	O	B	N	S	L	H	A	E	U	L	R
U	E	E	C	R	L	Q	A	B	A	W	W	U	H	S
A	M	K	K	Q	U	I	B	D	Y	S	R	E	W	C
R	E	B	F	A	L	C	F	A	O	R	T	M	E	A
D	V	L	L	R	H	U	W	T	Y	R	P	U	R	T
S	O	L	I	O	E	S	L	E	M	M	U	P	T	T
W	M	S	H	Y	W	U	K	L	F	G	F	S	S	E
T	E	V	E	M	E	G	A	M	A	D	F	C	H	R

The words in the following grid are all associated with wind.

BLAST	GALE	SHAKE
BLOW	GUST	SPUME
BREATH	HURRICANE	SQUALL
BREEZE	LIFT	STORM
CHURN	LULL	STREW
CURRENT	MOVEMENT	SWAY
CYCLONE	PUFF	TEMPEST
DAMAGE	PUMMEL	TORNADO
DRAUGHT	RATTLE	TREES
DROP	RISE	TYPHOON
EYE	ROCK	WAVES
FLOW	RUSH	WHIRLWIND
FLURRY	SCATTER	ZEPHYR

BIG TALK

B	R	G	G	N	O	L	B	O	T	P	V	J
G	B	R	N	E	Y	A	M	L	A	F	W	S
M	T	E	C	M	B	R	V	S	L	H	F	W
A	P	A	V	F	W	G	M	T	L	A	P	A
S	P	T	N	T	I	E	S	N	E	M	M	I
S	R	U	B	A	V	A	M	P	D	B	S	S
I	L	N	N	F	V	W	S	F	I	L	T	T
V	T	T	E	Y	B	V	P	D	W	R	G	F
E	L	Y	G	P	B	S	L	I	T	T	L	E
M	I	N	U	T	E	R	V	R	M	H	N	Y
N	V	B	H	T	V	B	O	D	C	I	S	R
F	J	I	T	B	H	H	T	A	M	C	N	F
Y	N	I	T	T	S	N	W	J	D	K	S	I

BROAD   PUNY
GIANT   SHORT
GREAT   SMALL
HUGE   SPACE
IMMENSE   TALL
LARGE   THICK
LITTLE   THIN
MASSIVE   TINY
MINI   VAST
MINUTE   WAIST
OBLONG   WIDE

SOUNDS RIGHT

D	H	O	R	S	E	L	A	P	D	E	L	I	A	S
R	G	A	D	R	E	E	T	B	B	B	R	B	W	I
O	W	R	R	W	E	L	B	A	L	H	E	A	R	D
H	O	E	A	E	D	A	O	L	E	U	P	A	B	G
C	L	W	R	T	T	S	R	E	V	R	E	W	C	E
M	I	O	P	H	E	C	E	I	P	U	G	W	D	H
B	A	Y	G	R	T	L	D	R	A	O	B	O	W	A
D	B	I	V	O	I	R	A	B	I	L	L	U	I	I
S	E	E	S	U	A	N	E	D	L	F	Q	L	Q	L
W	E	N	S	G	W	A	C	W	E	L	D	D	E	P
B	E	E	C	H	R	N	O	I	O	P	P	P	S	H
Y	A	S	P	R	I	N	C	I	P	L	E	W	R	C
S	E	U	I	A	O	M	S	Y	A	A	F	O	A	X
V	H	A	L	E	N	D	L	N	C	Y	L	O	O	F
E	H	P	R	P	A	R	E	E	H	E	R	D	H	E

In this puzzle all the pairs of words sound alike but are spelled differently.

BAIL	FLOWER	PAIL	PRINCIPLE
BALE	GRATE	PALE	ROAD
BARE	GREAT	PARE	RODE
BEAR	HAIL	PEAR	SAIL
BEACH	HALE	PAUSE	SALE
BEECH	HAIR	PAWS	SEAS
BLEW	HARE	PEACE	SEES
BLUE	HEARD	PIECE	THREW
BOARD	HERD	PEDAL	THROUGH
BORED	HOARSE	PEDDLE	WAIT
CHORD	HORSE	PLAIN	WEIGHT
CORD	LOAD	PLANE	WOOD
FLOUR	LODE	PRINCIPAL	WOULD

ELECTRIC TRAIL

T	C	M	A	S	W	C	H	U	G	I	T	P	I	N
I	O	R	I	N	I	T	S	L	S	N	A	I	D	S
F	V	E	E	R	N	O	W	P	U	L	L	G	I	T
E	R	T	S	I	W	H	I	C	T	A	F	E	N	A
C	U	I	T	R	I	C	T	I	I	O	N	U	R	L
R	I	C	E	P	P	C	O	R	E	L	R	T	E	M
H	T	G	R	O	L	R	D	T	C	E	A	L	T	E
G	I	N	S	C	O	U	E	V	E	R	E	R	T	A
I	R	E	M	Y	C	I	S	I	R	D	F	R	O	R
L	W	T	E	T	I	R	C	R	E	W	R	I	G	E
G	I	R	R	N	S	T	C	C	O	◇S◇	U	T	T	E
U	R	E	O	I	E	L	E	K	E	T	O	L	E	A
L	I	K	U	P	U	C	R	A	E	E	R	L	A	R
P	N	A	N	D	I	C	I	F	C	P	M	I	N	T
A	G	E	R	B	T	E	S	U	A	L	R	E	T	H

Starting at the letter (S) move up, down, left or right to find the electrical words listed below. (Not listed) at the end of the trail is an electrical appliance.

CIRCUIT BREAKER	NEUTRAL
COLOUR CODE	REFIT COVER
EARTH TERMINAL	REPLACE A FUSE
ELECTRICITY METER	ROUND PINS
ELECTRIC PLUG	SCREWDRIVER
DIGITAL METER	SOCKET OUTLET
FLAT PINS	SWITCH ON
INSULATION	WIRE STRIPPERS
LIGHTING CIRCUIT	WIRING A PLUG
MAIN SWITCH	

WEIGHT & MEASURES

T	H	W	K	N	O	T	R	E	J	T	L	E
R	Y	N	A	R	G	H	E	M	A	C	I	P
O	O	M	A	R	G	H	L	E	T	T	R	A
T	H	M	A	M	O	H	T	A	F	N	T	E
C	T	I	D	L	L	A	M	N	O	O	R	R
E	N	T	R	E	R	H	L	P	T	R	O	T
S	O	K	O	A	G	H	O	L	H	C	N	I
D	M	R	C	H	G	R	E	U	R	I	L	L
C	H	R	U	O	D	R	E	T	R	M	K	L
E	L	L	B	H	L	T	O	E	Y	E	A	R
C	R	M	I	N	A	B	L	S	E	T	T	A
A	R	C	T	G	Y	N	O	W	S	T	R	I
D	F	L	A	H	E	E	D	H	C	N	I	P

ACRE	GRAM	PINCH
AGATE	GROSS	SECTOR
BLOCK	HALF	WEEK
CARAT	HAND	YEAR
CORD	HOUR	
CUBIT	INCH	
DEGREE	KNOT	
DROP	LITRE	
FATHOM	MICRON	
FEET	MONTH	
GRAIN	PICA	

DRESS SENSE

A	F	L	E	H	S	A	T	E	N	O	I	L
S	T	A	R	E	A	N	O	B	U	S	R	E
L	E	M	N	B	S	T	L	E	B	T	O	N
A	D	O	O	R	H	O	S	S	E	R	D	R
C	H	O	H	S	U	N	O	U	S	I	V	E
K	T	H	E	S	R	E	G	N	A	H	A	T
S	I	S	E	A	L	O	T	O	R	S	I	A
T	R	E	E	T	R	I	K	S	W	U	T	E
A	S	H	I	V	E	M	P	O	S	N	P	W
E	V	N	A	P	O	P	U	P	A	N	A	S
B	A	T	A	O	C	A	M	E	E	R	N	E
O	R	C	E	E	A	U	V	E	E	R	T	O
R	E	P	M	U	J	A	C	K	E	T	S	E

BELTS	JUMPER	VEST
BLOUSE	JUMP-SUIT	
BOOTS	PANTS	
CAPE	ROBE	
COAT	SHELF	
DRESS	SHIRTS	
GOWN	SHOES	
HANGERS	SKIRT	
HATS	SLACKS	
JACKET	SLIPPERS	
JEANS	SWEATER	

STITCHED UP

B	C	E	R	L	Y	R	E	D	I	O	R	B	M	E
J	O	G	N	I	T	T	I	F	A	D	E	C	A	L
Y	P	B	D	I	A	R	B	S	L	E	M	W	S	B
T	A	H	B	Z	H	I	X	K	C	U	R	N	I	M
T	T	G	N	I	K	C	O	M	S	A	O	H	A	I
A	T	B	S	P	N	Z	A	N	G	T	L	T	T	H
P	E	T	A	C	K	S	Q	M	T	N	E	L	O	T
E	R	E	K	C	I	P	N	U	G	R	I	O	O	S
M	N	E	M	C	I	S	B	G	I	N	K	C	T	P
E	G	S	S	C	A	O	S	A	N	A	I	I	A	E
A	G	N	O	S	V	R	L	O	N	I	T	W	M	F
S	M	T	I	P	S	A	K	D	R	C	N	I	E	D
U	P	E	I	G	C	T	E	C	H	S	R	I	F	S
R	G	N	H	A	D	Y	U	C	I	T	S	A	L	E
E	S	E	L	D	E	E	N	D	F	R	I	L	L	B

BOBBINS	LACE	SMOCKING
BRAID	LINING	STITCH
BUTTONS	MATERIAL	TACK
EDGING	NEEDLES	TAPE MEASURE
ELASTIC	PATTERN	THIMBLE
EMBROIDERY	PICOT	THREAD
FACING	PINS	TRIM
FITTING	PRESS-STUD	UNPICKER
FRILL	RICKRACK	ZIP
HEM	SCALLOP	
HOOK AND	SCISSORS	
EYE	SEWING-MACHINE	

HAIR RAISING

T	M	E	N	B	S	E	I	D	A	L	T	R	E	C
S	N	E	Z	T	L	H	R	S	O	H	E	E	O	R
L	T	I	S	Y	S	H	A	V	E	B	S	N	S	O
R	L	H	T	N	A	X	F	M	R	V	D	A	L	R
U	C	S	G	N	I	T	R	A	P	I	A	E	W	R
C	G	O	L	I	N	R	B	T	T	O	W	W	Y	I
T	L	E	L	O	L	H	C	I	U	O	O	R	O	M
S	G	I	I	O	S	H	O	R	T	C	D	U	A	D
R	R	T	P	P	U	N	G	J	N	W	O	G	B	Z
E	O	O	R	Q	E	R	P	I	O	P	A	R	M	B
L	I	A	S	R	H	I	M	L	H	Z	I	O	O	L
L	Y	M	K	S	N	A	B	R	I	V	U	Z	C	E
O	T	I	U	S	I	H	S	N	E	S	Q	A	N	A
R	D	R	Y	E	R	C	E	W	S	P	E	R	Y	C
M	B	T	L	R	E	S	S	E	R	D	R	I	A	H

BARBER	HAIRDRESSER	SCISSORS
BLEACH	HIGHLIGHTS	SET
BLOW DRY	LADIES	SHAMPOO
BRUSH	LOTION	SHAVE
CHAIR	MAGAZINES	SHORT
CLIP	MEN	SPRAY
COLOUR	MIRROR	STYLE
COMB	MOUSSE	TINT
CONDITIONER	PARTING	TOWEL
CURLS	PERM	TRIM
CUT	PINS	WASH
DRYER	RAZOR	WAVES
GEL	RINSE	
GOWN	ROLLERS	

BE SUPPORTIVE

R	A	C	H	J	A	F	M	B	L	U	T	H
I	C	L	A	T	S	E	D	E	P	A	C	P
M	O	M	T	A	V	H	C	T	U	R	C	F
A	B	A	C	K	B	O	N	E	A	I	O	S
E	O	B	R	A	C	K	E	T	C	U	T	P
B	N	L	E	E	E	S	T	I	N	K	S	L
E	M	A	R	F	D	S	U	D	B	A	O	I
I	U	V	T	Y	O	R	A	L	L	I	P	N
T	L	S	S	U	R	T	I	B	H	U	G	T
W	O	A	S	E	I	G	G	G	N	L	N	Y
P	C	H	O	O	F	C	L	E	T	N	I	L
L	E	N	N	H	N	O	T	E	L	E	K	S
F	F	A	T	S	P	R	A	V	O	N	T	Y

ARCH	LINTEL
BACKBONE	PEDESTAL
BASE	PILLAR
BRACKET	POST
COLUMN	PROP
CRUTCH	SHOE
FOUNDATION	SKELETON
FRAME	SPLINT
GIRDER	STAFF
JAMB	TIE BEAM
KINGPOST	TRUSS

STOCKS & SHARES

Y	B	H	S	Y	T	N	A	R	R	A	W	I
S	S	R	E	G	D	E	L	P	G	C	D	N
E	K	K	O	B	N	A	A	E	P	R	K	V
G	H	C	B	K	G	I	N	R	A	L	J	E
D	X	X	O	E	E	T	V	F	N	O	Y	S
E	I	V	L	T	S	R	T	A	B	S	C	T
L	T	R	R	S	S	P	A	S	S	Y	N	M
W	E	H	E	C	N	A	N	I	F	E	W	E
O	S	T	M	C	S	O	R	L	T	M	A	N
N	A	H	T	S	T	A	T	A	I	I	I	T
K	L	V	E	E	T	O	P	A	D	B	V	S
C	E	T	R	I	R	V	R	E	R	K	E	J
A	S	B	O	N	D	S	M	R	Y	Y	R	L

ACKNOWLEDGE	JOBS	STOCKS
AGENTS	LEDGERS	WAIVER
APPLY	LEGAL	WARRANTY
ASSETS	LETTERS	
BONDS	LIBEL	
BROKER	MEDIA	
DIRECTOR	NOTARY	
DRAFT	PATENT	
EARNS	RATIO	
FINANCE	SALES	
INVESTMENTS	SAVINGS	

BANK ON IT

```
K L A N O S R E P F I G U R E
L A D F D E P O S I T I A W R
A U A L W A R D H T I W U S E
U D I M O M O N T H L Y J K T
N I L N R H F L L E S I G N U
N V Y P S E I N T E R E S T P
A I W O E T T S G N I V A S M
M D T L R N I R A E L C N M O
O N N I V C A T Y N A P M O C
R I U C I H P O U T I D E R C
T F O Y C A S H L T K T L T R
I E C H E C K I N G I S A G B
Z E C N A L A B O N D O S A U
E M A C H I N E T A R C N G Y
N O I T A R O P R O C K S E J
```

ACCOUNT	COST	PERSONAL
AMORTIZE	CREDIT	POLICY
ANNUAL	DAILY	PROFIT
BALANCE	DEPOSIT	RATE
BANK	FEE	SALE
BOND	FIGURE	SAVINGS
BUY	HOLD	SELL
CASH	INDIVIDUAL	SERVICE
CHARGES	INSTITUTION	SIGN
CHECKING	INTEREST	TERM
CLEAR	LOAN	USE
COMPANY	MACHINE	WAIT
COMPUTER	MONTHLY	WITHDRAW
CORPORATION	MORTGAGE	

WHAT A GEM

D	E	T	A	G	A	D	N	O	M	A	I	D
A	R	W	O	U	L	G	O	N	Y	X	E	L
M	I	N	X	P	A	A	J	E	Z	T	D	A
E	O	A	O	R	A	C	P	T	N	U	A	R
T	J	O	N	C	S	Z	R	O	S	R	J	E
H	T	E	N	I	R	A	M	A	U	Q	A	M
Y	T	H	U	S	U	I	P	F	A	U	T	E
S	L	K	T	Q	T	P	Z	M	Q	O	G	B
T	A	E	E	N	H	O	B	O	D	I	Y	E
B	R	S	N	I	I	E	N	I	Z	S	B	R
L	O	X	R	I	R	C	R	E	I	E	U	Y
R	C	E	V	Z	P	E	A	P	E	A	R	L
A	L	P	R	E	P	S	A	J	M	Y	T	H

AGATE	JASPER	TURQUOISE
AMBER	MOONSTONE	ZIRCON
AMETHYST	ONYX	
AQUAMARINE	OPAL	
BERYL	PEARL	
CORAL	PERIDOT	
DIAMOND	ROSE QUARTZ	
EMERALD	RUBY	
GARNET	SAPPHIRE	
JACINTH	SPINEL	
JADE	TOPAZ	

BODY LINE

S	S	G	N	I	G	G	E	L	P	P	K	H
H	C	T	A	W	T	S	I	R	W	O	N	O
U	E	P	O	C	S	P	B	P	E	R	E	L
M	I	A	M	O	S	H	I	A	A	D	E	D
B	N	L	D	T	T	T	I	A	G	M	C	H
T	E	H	I	S	R	H	G	N	A	U	A	S
C	C	C	S	E	E	U	P	R	D	G	P	A
C	K	E	G	A	L	T	M	I	N	I	K	W
K	T	N	E	P	W	R	H	I	C	C	G	H
H	I	T	E	E	E	E	R	A	A	K	T	T
F	E	S	N	S	S	R	Y	B	N	R	O	U
F	O	O	T	B	A	L	L	E	H	D	E	O
N	L	O	G	E	L	B	O	W	R	O	O	M

Hidden in each word is a part of the body.

ARMREST
EARRING
ELBOWROOM
EYEWASH
FINGERTIP
FOOTBALL
GUMDROP
HEADSET
KNEECAP
LEGGINGS
LIPSTICK

MOUTHWASH
NECKTIE
NOSEPLUG
SHINDIG
TOOTHPICK
WRISTWATCH

GRUESOME

T	H	R	M	O	T	Y	L	T	S	O	H	G
W	E	L	F	I	E	T	R	E	E	Y	M	N
D	W	E	M	E	R	N	T	E	A	R	O	G
E	A	I	R	H	G	G	M	M	N	O	I	R
R	D	I	L	L	E	O	S	T	H	E	E	D
B	E	R	Y	L	S	I	R	G	H	T	O	S
A	D	D	O	E	D	Y	L	M	L	A	C	H
C	H	O	U	R	E	K	N	A	R	A	L	T
A	M	R	E	E	R	O	F	N	R	A	H	I
M	G	L	Y	T	H	O	R	E	A	G	L	W
S	M	L	A	U	Q	P	H	R	I	C	I	A
D	G	H	H	R	E	S	T	R	O	L	N	A
U	R	E	G	N	A	D	F	L	D	T	T	U

ALARM	GRISLY
AWE	GRUESOME
DANGER	HORROR
DIRE	MACABRE
DISMAY	QUALMS
EERIE	SCARE
FALTER	SPOOKY
FEAR	TIMID
FRIGHT	UGLY
GHOSTLY	UNCANNY
GRIM	WILD

MATHS LESSON

F	A	C	T	O	R	G	D	N	E	U	N	I	M	D
G	E	D	I	V	I	S	O	R	P	Q	U	E	U	D
G	E	O	M	E	T	R	Y	A	R	B	E	G	L	A
A	D	D	E	N	D	I	I	N	F	I	N	I	T	Y
S	I	N	S	A	E	L	G	N	A	I	R	T	I	R
C	F	E	U	R	P	O	I	E	R	E	W	O	P	T
I	F	D	U	I	C	I	R	C	L	E	R	T	L	E
T	E	I	T	T	H	A	S	A	E	I	S	H	Y	M
A	R	V	R	H	I	S	U	N	I	T	O	A	I	O
M	E	I	A	M	W	Q	L	I	O	P	D	U	B	N
E	N	D	E	E	E	U	P	S	U	N	I	M	W	O
H	C	I	E	T	W	A	W	E	L	O	G	I	C	G
T	E	S	N	I	O	R	E	D	I	V	I	D	O	I
A	U	I	D	C	Y	E	L	G	N	A	T	C	E	R
M	O	D	U	L	U	S	U	B	T	R	A	C	T	T

ADD	EQUAL	RECTANGLE
ADDEND	FACTOR	SET
ALGEBRA	GEOMETRY	SQUARE
ARITHMETIC	INFINITY	SUBTRACT
BASE	LOGIC	SUM
CIRCLE	MATHEMATICS	TIMES
DIFFERENCE	MINUS	TRIANGLE
DIGIT	MODULUS	TRIGONOMETRY
DIVIDE	MULTIPLY	UNIT
DIVIDEND	PLUS	
DIVISOR	POWER	

THREE'S A CROWD

N	L	S	D	E	G	A	N	I	S	N	I	O	C	H
P	I	H	Y	A	C	B	S	W	F	D	C	Y	D	P
S	T	A	R	E	E	I	I	E	N	F	D	A	I	N
S	T	B	T	A	K	S	M	A	C	A	Y	P	S	E
R	L	S	R	N	E	N	L	D	L	A	E	C	N	V
E	E	S	U	M	U	S	O	A	N	P	R	D	E	A
E	P	S	E	C	I	O	S	M	R	I	E	G	H	E
T	I	N	R	E	R	E	F	O	E	G	L	S	H	H
E	G	K	L	O	M	I	B	A	R	S	G	B	C	O
K	S	I	E	I	N	L	C	E	M	N	I	A	N	T
S	M	H	T	E	E	E	E	G	I	I	R	W	E	S
U	F	G	J	M	W	S	T	K	N	D	G	H	R	P
M	S	D	I	A	M	E	L	T	T	I	L	O	F	E
T	A	H	D	E	R	E	N	R	O	C	R	O	S	T
X	B	E	V	E	F	O	S	E	C	A	F	D	Y	S

The words in the following grid are all associated with three.

AMIGOS

BEARS

BLIND MICE

CARD BRAG

COINS IN A/FOUNTAIN

CORNERED HAT

DAY/WEEK

DEGREES

FACES OF EVE

FRENCH HENS

GRACES

KINGS

LITTLE MAIDS

LITTLE PIGS

MILE ISLAND

MUSKETEERS

PIPE PROBLEM

RING CIRCUS

STEPS TO HEAVEN

TENORS

TIMES A LADY

WISE MEN

WISE MONKEYS

TAKE A SEAT

```
R  N  B  C  L  A  S  S  R  O  O  M  N
E  N  A  C  O  N  C  E  R  T  W  N  O
C  L  R  A  M  U  S  I  C  A  L  N  P
I  E  B  U  S  N  R  E  I  V  O  M  T
T  C  E  D  D  E  N  T  I  S  T  Y  O
A  T  R  I  A  L  E  N  R  S  N  A  M
L  U  N  T  N  N  S  C  H  O  O  L  E
D  R  S  O  G  F  I  L  M  F  O  P  T
E  E  H  R  E  N  N  I  D  A  R  M  R
S  N  O  I  W  E  I  V  R  E  T  N  I
K  B  W  U  A  I  R  P  L  A  N  E  S
M  C  O  M  P  U  T  E  R  I  X  A  T
B  E  A  T  T  Y  P  P  R  L  O  R  R
```

AIRPLANE	FILM	TAXI
AUDITORIUM	INTERVIEW	TRIAL
BARBER	LECTURE	
BUS	MOVIE	
CLASSROOM	MUSICAL	
COMPUTER	OPTOMETRIST	
CONCERT	PLAY	
COURTROOM	RECITAL	
DENTIST	SCHOOL	
DESK	SHOW	
DINNER	SOFA	

DRAIN & WANE

```
T  Y  R  N  E  K  A  E  W  H  H  R  S
S  T  A  I  R  M  W  I  L  N  O  I  T
U  R  R  C  I  N  T  A  I  W  N  O  T
A  G  G  S  E  H  R  A  N  K  R  O  T
H  R  U  N  E  D  R  E  J  E  T  R  N
X  S  E  R  O  D  G  L  T  H  E  M  E
E  E  I  L  D  A  W  T  R  O  W  W  P
X  G  D  N  V  E  I  I  D  N  E  P  S
A  V  A  A  I  R  S  T  N  O  R  P  S
N  Y  R  L  F  M  O  P  R  D  O  T  I
C  I  W  R  L  Y  I  T  O  I  L  A  M
T  Z  U  R  R  I  A  D  L  I  T  E  R
E  Z  A  R  O  M  P  T  H  E  L  L  O
```

DECAY	RAVAGE
DESPOIL	RAZE
DIMINISH	RUIN
DRAIN	SINK
DWINDLE	SPEND
EXHAUST	SPOIL
FADE	WANE
FRITTER	WEAKEN
MISSPENT	WITHER
MISUSE	
PILLAGE	

TIME FLIES

```
S Y A D H T R I B D I L M D B
A T R E M I T A T S C H O O L
M E H A K S G M E P A N R O K
T V C G S E A T A L M O N H R
S E P V I R U R I O F O I D O
I N Z N R N E F M O S N N L W
R I G I I N E V U Q E R G I T
H N A M T T N R I A C E W H A
C G W H I T S U N N O T E C C
E E O M R E F N N J N F E G E
N O E R A E Y W E N D A K A N
D O B S R U O H L E S U S L T
A M O N T H S T L H T T A O U
Y N W N Y R E T I R E D X V R
S Y T I R U T A M R S R A E Y
```

AFTERNOON	EASTER	NEW YEAR
AGEING	EVENING	NIGHTS
A LIFETIME	FOUR SEASONS	NOON
ANNIVERSARY	HOURS	PARENTHOOD
AT SCHOOL	LOVE	RETIRED
AT WORK	MARRIAGE	SECONDS
BIRTHDAYS	MATURITY	TEENS
CENTURY	MILLENNIUM	TIME
CHILDHOOD	MINUTES	WEEKS
CHRISTMAS	MONTHS	WHITSUN
DAYS	MORNING	YEARS

READ ALL ABOUT IT

```
D  S  O  R  E  T  P  A  H  C  O  K  P  N  E
E  A  U  E  I  C  B  N  E  M  U  L  O  V  L
H  A  T  R  N  T  N  E  U  S  S  I  J  D  T
S  K  O  Z  D  I  Q  A  R  O  T  I  D  E  I
I  C  F  K  E  L  Z  M  M  I  C  H  F  S  T
L  A  P  C  X  D  K  A  D  O  P  X  A  I  S
B  B  R  A  D  E  O  E  G  A  R  N  E  G  T
U  D  I  B  L  T  O  E  R  A  R  O  L  N  N
P  R  N  R  A  N  B  G  O  U  M  I  Y  S  E
E  A  T  E  U  I  A  Y  H  R  T  T  L  E  T
E  H  L  P  N  R  B  Y  T  E  C  C  F  G  N
S  W  E  A  A  P  R  F  U  V  A  I  I  A  O
R  U  V  P  M  O  H  V  A  O  F  F  G  P  C
E  N  O  I  T  C  I  F  E  C  N  E  I  C  S
V  I  N  S  C  L  A  C  I  R  O  T  S  I  H
```

AUTHOR	HARDBACK	PICTURE
BOOK	HISTORICAL	PRINTED
CHAPTER	INDEX	PUBLISHED
CONTENTS	ISSUE	RARE
COVER	MAGAZINE	ROMANCE
EDITION	MANUAL	SCIENCE FICTION
EDITOR	NOVEL	STORY
DESIGN	OUT OF PRINT	TITLE
FACT	PAGES	VERSE
FICTION	PAPERBACK	VOLUME
FLYLEAF	PARAGRAPH	

E ENDING

```
E E E R U S A R E L P M A X E
S N Q R E T I Q U E T T E X M
C T F E I E G A R N E Z V Q E
A R Q O T P E D O C N E O E R
L E E E R A X E P O N X L Y G
A E S E Q C V E E G Z A V E E
T C R C X O E E A E H X E S M
E N O M K X U G L X X P Q O E
X E D E I C E A E E O C E R R
P S N L A Z T Q E L E D U E T
L S E V E E G D E R U S N S X
O E E L A P S E X L O Q I Z E
D E G N A H C X E P S D C X Q
E A S E I N R E X I L E E X Z
E R E H W Y R E V E N G I N E
```

Each of these words begins and ends with E.

EAGLE	ENGAGE	EVOKE
EASE	ENGINE	EVOLVE
EDGE	ENRAGE	EXAMPLE
ELAPSE	ENTREE	EXCHANGE
ELATE	ERASURE	EXCUSE
ELEVATE	ERNIE	EXHALE
ELOPE	ERODE	EXILE
ELSE	ESCALATE	EXPIRE
ELUDE	ESSENCE	EXPLODE
EMCEE	ETIQUETTE	EXPOSURE
EMERGE	EUNICE	EXTREME
ENCODE	EUROPE	EYESORE
ENDORSE	EVACUEE	
ENFORCE	EVERYWHERE	

SOLUTIONS

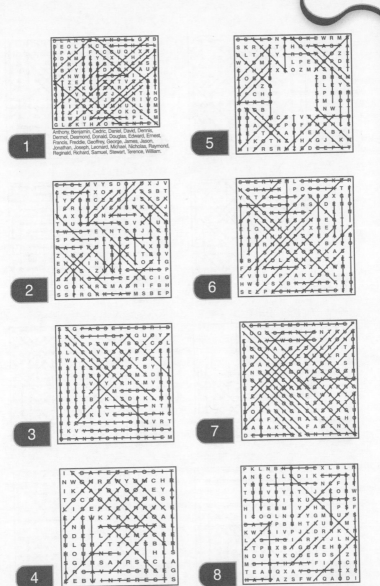

1 Anthony, Benjamin, Cedric, Daniel, David, Dennis, Dermot, Desmond, Donald, Douglas, Edward, Ernest, Francis, Freddie, Geoffrey, George, James, Jason, Jonathan, Joseph, Leonard, Michael, Nicholas, Raymond, Reginald, Richard, Samuel, Stewart, Terence, William.

2

3

4

5

6

7

8

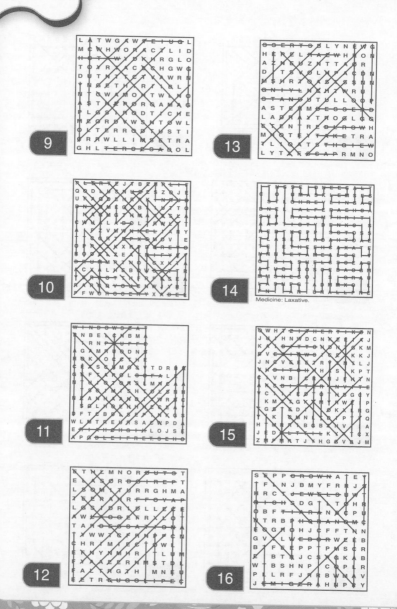

9

13

10

14

Medicine: Laxative.

11

15

12

16

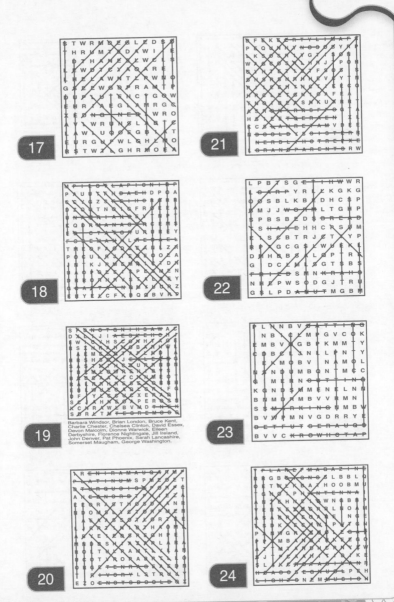

19

Barbara Windsor, Brian London, Bruce Kent, Charlie Chester, Chelsea Clinton, David Essex, Devon Malcolm, Dionne Warwick, Eileen Derbyshire, Florence Nightingale, Jill Ireland, John Denver, Pat Phoenix, Sarah Lancashire, Somerset Maugham, George Washington.

SOLUTION

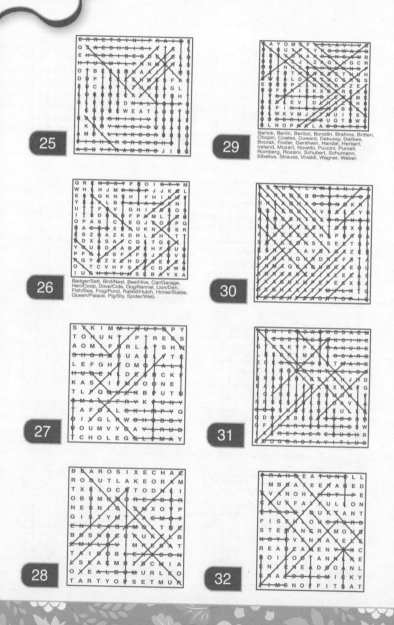

25

26 Badger/Sett, Bird/Nest, Bee/Hive, Car/Garage, Hen/Coop, Dove/Cote, Dog/Kennel, Lion/Den, Fish/Sea, Frog/Pond, Rabbit/Hutch, Horse/Stable, Queen/Palace, Pig/Sty, Spider/Web.

27

28

29 Bartok, Berlin, Berlioz, Borodin, Brahms, Britten, Chopin, Coates, Coward, Debussy, Delibes, Bvorak, Foster, Gershwin, Handel, Herbert, Ireland, Mozart, Novello, Puccini, Purcell, Romberg, Rossini, Schubert, Schumann, Sibelius, Strauss, Vivaldi, Wagner, Weber.

30

31

32

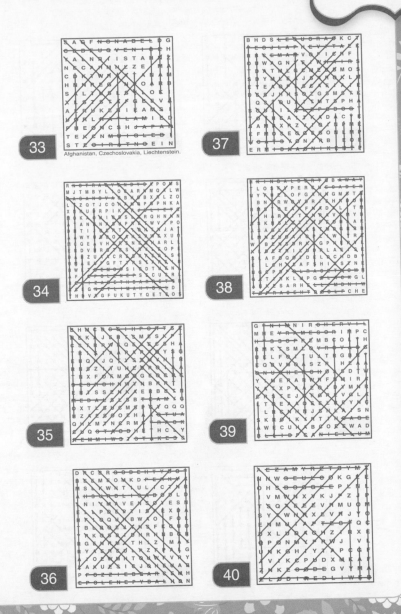

33 Afghanistan, Czechoslovakia, Liechtenstein.

34

35

36

37

38

39

40

SOLUTION

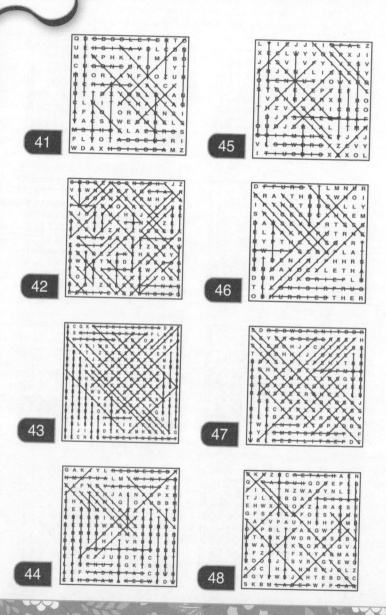

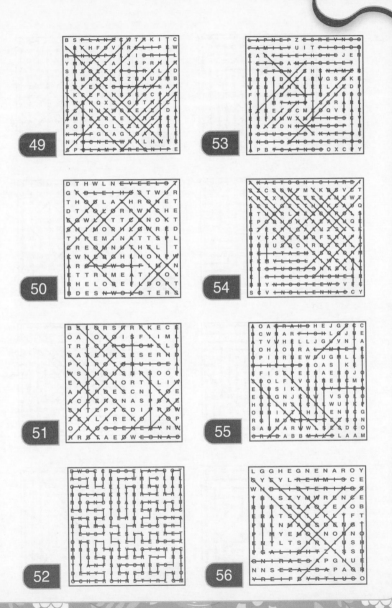

49

53

50

54

51

55

52

56

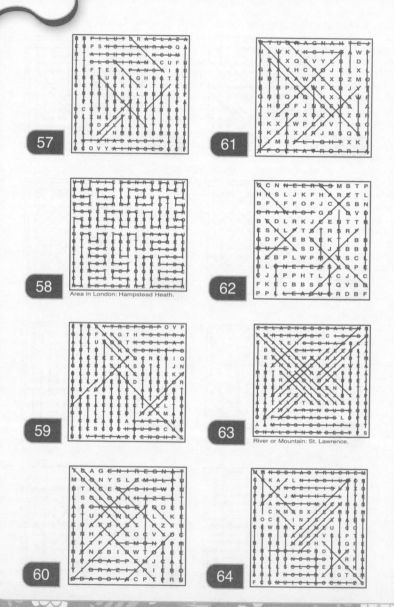

57

58
Area in London: Hampstead Heath.

59

60

61

62

63
River or Mountain: St. Lawrence.

64

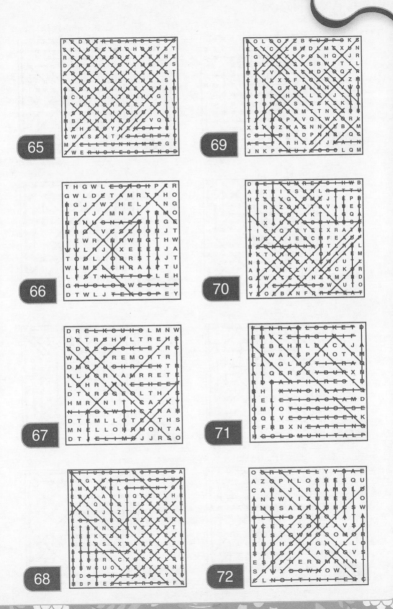

SOLUTION

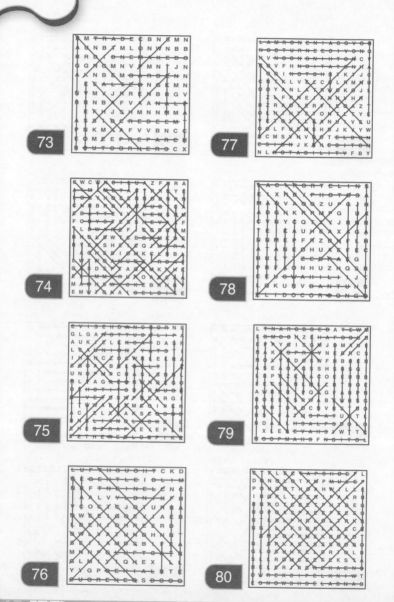

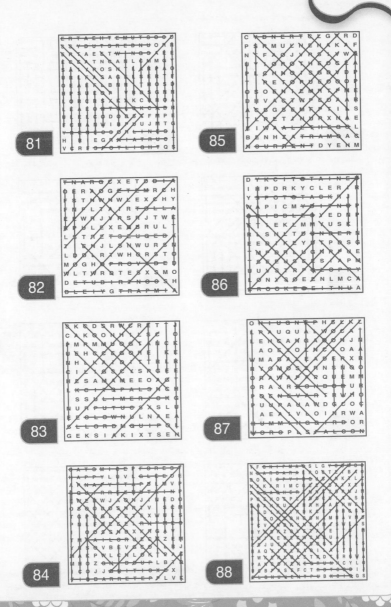

SOLUTION

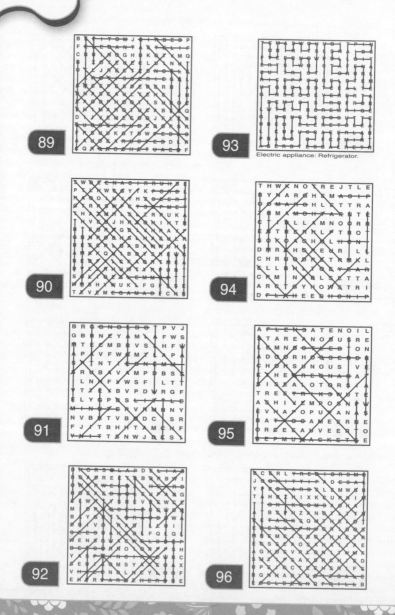

89

90

91

92

93
Electric appliance: Refrigerator.

94

95

96

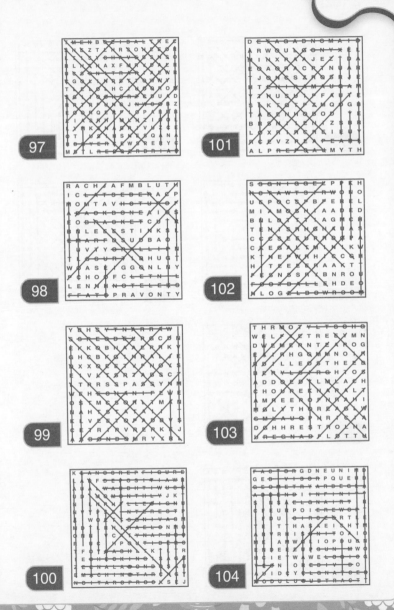

97

98

99

100

101

102

103

104

SOLUTION

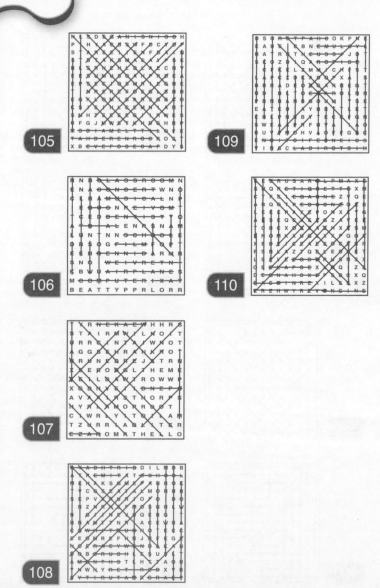

105

109

106

110

107

108